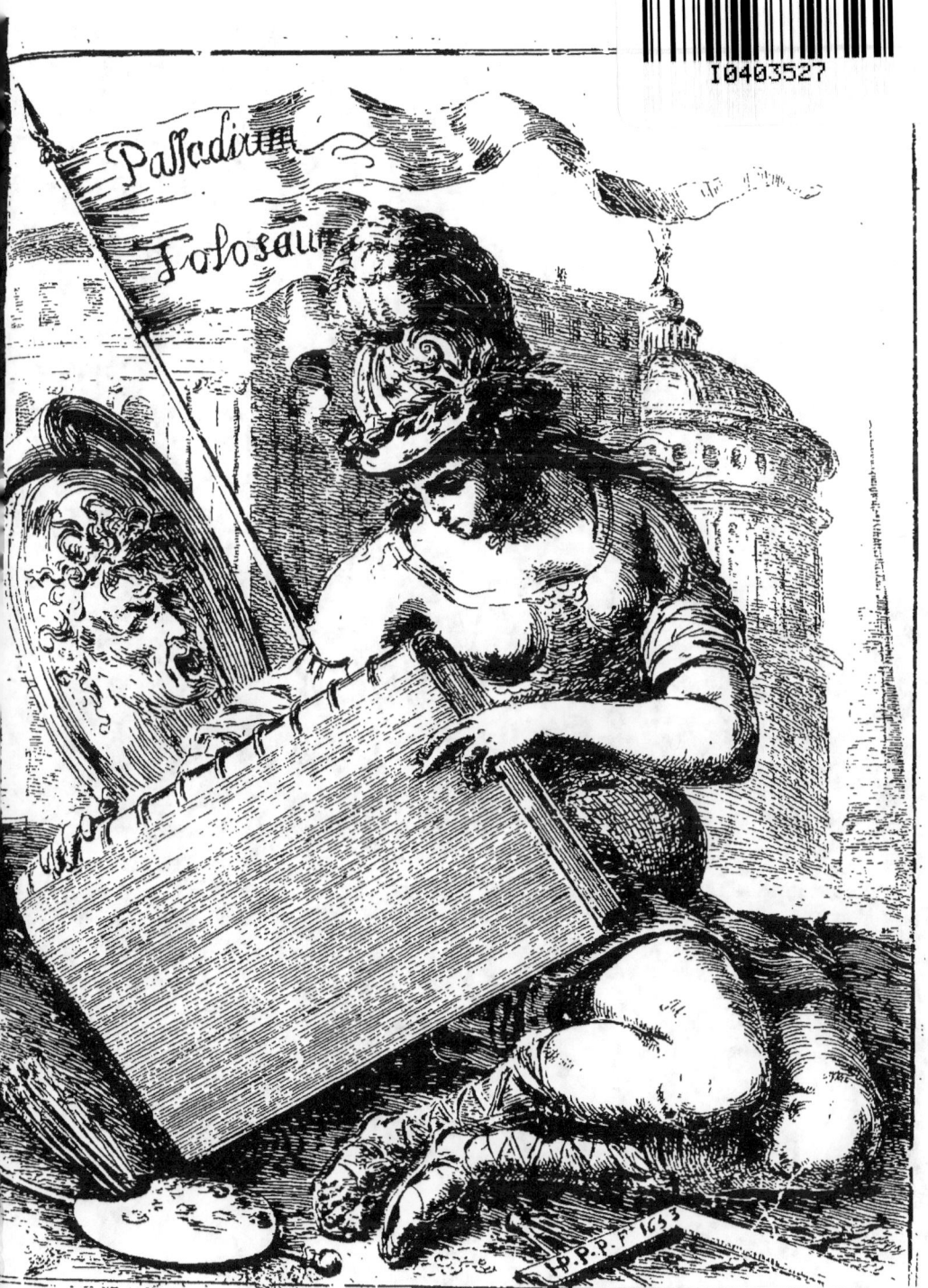

Palladium
Tolosan

V 1759

LA PEINTVRE

PARLANTE,

DEDIE'E A MESSIEVRS

LES PEINTRES

DE L'ACCADEMIE

ROYALE DE PARIS,

PAR
H. P. P. P.

TOLOSAIN.

M. DC. LVII.

LA PEINTVRE

PARLANTE.

DEDIÉE A MESSIEVRS

DES PEINTRES

DE L'ACCADEMIE

ROYALE DE PARIS.

PAR

R.F.D.P.

S.I.G....GRAIN.

M. DC. LVII.

A MESSIEVRS
LES PEINTRES
DE L'ACCADEMIE ROYALE
DE PARIS.

MESSIEVRS,

Quoy que ie sçache que ie ne suis pas moins temeraire de vous dedier mon Ouurage, que i'ay esté hardy à l'entreprendre ; ie ne desespere pas neantmoins que vous ne luy fassiez vn accueil fauorable, sur l'asseurance que ie vous donne qu'il n'a desiré d'estre veu de vous que pour vous tesmoigner mon respect. Ce n'est pas, MESSIEVRS, que i'aye creu vous pouuoir descouurir de nouuelles graces, elles vous sont toutes connuës ; & i'ay trop de connoissance de mon peu de sçauoir (que l'ignorance du Grec & du La-

tin deffendra touſiours du blaſme de Pedan-
terie, & rendra excuſable d'vne infinité de
defauts) pour pretendre autre choſe de voſtre
Auguſte Academie, que l'honneur de voſtre
protection. Ie ſçay que bien que ma Peinture parle, elle ne ſçauroit eſtre fauorablement
eſcoutée de perſonne, ſi elle ne l'eſt premiere-
ment de vous : l'eſtime de Monſieur Pouſſin
luy a donné veritablement l'eſtre, mais la
voſtre, MESSIEVRS, luy donnera le bien
eſtre ; & ſi vos oreilles delicates ont la meſme bonté qu'a eu ce Heros, de ſouffrir la
dureté de ſes accents, & de ſes paroles mal
ordonnées, ie pourſuiuray l'impreſſion de la ſe-
conde Partie, qui eſt plus purgée : & par ce
moyen, ie ne feray pas difficulté de pretendre
meriter l'aprobation de tout le reſte du monde :
Qui me la pourroit refuſer ſous le tiltre de,

MESSIEVRS,

Voſtre tres-humble & tres obeïſſant
ſeruiteur HILAIRE PADER,
Peintre Toloſain.

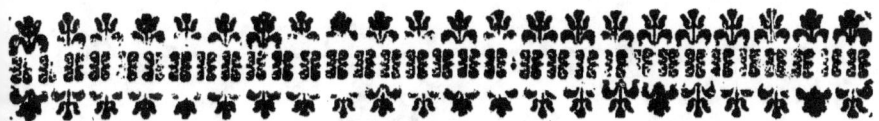

SVR
LA PEINTVRE PARLANTE;
EN VERS DE Mr PADER.

V'ON ne me parle plus d'antique,
Laiſſons-là ces vieux monumens,
Des Phidias & des Bramants,
Les modernes leur font la nique;
Depuis que dans cét Vniuers
Il ſe rencontre des Paders,
Qui pour égaler la Nature,
Sçauent donner l'eſprit aux Vers
Et la parole à la Peinture.

ANAGRAMME SVR Mr PADER.

HILAIRE PADER
PAIR DE LA HIRE.

NE fais plus HILAIRE PADER,
Tant de Regrets pour LE LA HIRE,
Puiſqu'à Tholoſe l'on peut dire
Que LA HIRE a trouué ſon PAIR.

AVTRE.

HILAIRE PADER PEINTRE THOLOSAIN,
EN TOY LA HIRE A TROVVE' SON PAREIL,

EN France auec raiſon le Dieu de la Peinture,
Auroit la larme à l'œil,
Si l'Illuſtre la HIRE, auant ſa ſepulture,
En toy, braue PADER, n'euſt trouué ſon pareil.

Par ſon ſeruiteur, TAGNIER.

A MONSIEVR,

Monſieur PADER Peintre & Poëte.

PADER fait ſortir du Tombeau,
Par les effets de ſon Pinceau,
Tous les ſecrets de la Peinture:
Elle parle & déçoit nos yeux,
Enfin on doute qui fait mieux,
Ou PADER, ou Nature.

BERTRAND MOLLEVILLE.

POVR MONSIEVR PADER
Peintre excellent.

SOIT que PADER Ecriue ou Peigne,
Sans doute il ne faut pas, que ce grand homme
craigne,
  Que son grand nom meure iamais,
Ses riuaux les plus fiers luy cedent desormais,
  Malgré l'ennuy qui les consume;
Apres ses beaux portraits, on ne voit rien de beau:
  Et son admirable Pinçeau
  N'est égalé que par sa Plume.

B. T.

A MONSIEVR PADER.

TES Ennemis iettans les Yeux,
  Sur les beautez de ton ouurage,
Creuent, & d'enuie & de rage,
Mais quand on fait des enuieux
PADER, on a tout l'advantage.

C. D.

A Mr PADER SVR SON TABLEAV
du Bien-heureux Cesar de Bus.

PADER, t'on delicat Pinceau
Ne couche rien qui ne soit beau;
Tes traits sont tous de Mre & nous le pouuons dire,
Tes traits sont les seuls traits que tout le monde
PADER, ie te le dis sans fard   (admire.
Toy seul triomphes en ton Art,
Tu surpasses Appelle, & tu le fais comprendre,
Ayant peint vn Cesar qui surpasse Alexandre.

AV St PADER SVR SON TABLEAV
de l'Abraham qui chasse Agar.

AGAR ne pleurés plus, faites cesser vos larmes,
Que l'eau cede sa force aux Soleils de vos Yeux,
Le tresor de vos pleurs nous donne mille allarmes?
Pourroit-t'il pas gaster ce trauail precieux.
   Mais toutesfois pleurez, pleurez, belle affligée,
Vos larmes laueront les taches du Tableau,
La plus faible couleur n'en peut estre changée:
Car la Peinture à huille est plus belle dans l'eau.

Par H. P. P.

FIN.

A VN CHETIF PEINTRILLON

QVI VOVLOIT CRYTIQVER
SVR LES PROPORTIONS
DV CHEVAL,
INSERE' DANS LA TRADVCTION
DV PREMIER LIVRE
DV LOMASSE.

S I ie t'euſſe pris pour Modelle,
Mon Ouurage ſeroit moins mal;
Car pour eſtre vn parfait Cheual;
Il ne te manque que la Selle.

A MONSIEVR
PADER,
PEINTRE
DE LEVRS ALTESSES
DE MAVRICE,
DE SAVOYE,
ET DE MONACO.

Sur sa Peinture parlante

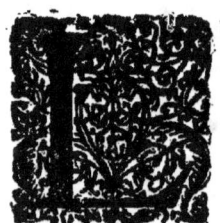'Oracle a dit à l'Vniuers,
Que qui sçauroit joindre ses vers,
Au Portrait que sa main façonne ;
Seroit esleué dans les Cieux,
Qu'il s'assoiroit auec les Dieux ,
Et prendroit part à leur couronne.

Grand PADER , voy quel est ton sort ;
Tu ne dois point craindre la mort,
Les Dieux ne l'ont iamais connuë :
Prens rang parmy les immortels ,

Ie te vay dreſſer des Autels,
Et t'éleuer vne Statuë.

❦❦❦

Ta belle plume & ton Pinceau,
Font vn prodige ſi nouueau
Qu'il ſurprend toute la nature :
Si Promethée anime vn corps,
Tu donnes la vie à des morts,
Et la parole à ta Peinture.

❦❦❦

Deucalion euſt tant d'enfans,
Qu'ils remplirent dans peu de temps,
Toute la Campagne & la Ville :
Et l'on verra tant de Pinceaux
Copier tes diuins Tableaux
Qu'vn ſeul en produira dix mille.

Par ſon tres-humble ſeruiteur,
B. R. D. R.

PRIVILEGE DV ROY.

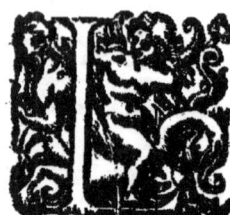

OVIS par la grace de Dieu, Roy de France & de Nauarre ; A nos Amez & Feaux Conseillers les gens tenans nos Cours de Parlemens , Preuost de Paris , ou son Lieutenant, & à tous autres nos Officiers qu'il appartiendra, Salut. Nostre cher & bien amé HILLAIRE PADER , Nous a fait remonstrer qu'il a composé en vers François, vn Traité de la Peinture , intitulé, *La Peinture parlante, dediée aux Peintres de l'Academie Royale : auec vn discours en forme d'Enigme sur la Peinture Vniuerselle,* qu'il desiroit faire imprimer pour le mettre en lumiere , c'est pourquoy il Nous a fait supplier luy vouloir octroyer nos Lettres necessaires , A CES CAVSES , Nous de nostre grace speciale auons permis & permettós par ces presentes audit Exposant de faire imprimer , vendre & distribuer pendant cinq années, ledit Traité de la Peinture; Faisant cependant tres-expresses deffences à tous Imprimeurs & Libraires de faire Imprimer, vendre n'y distribuer ledit Traité, sans la permission dudit Exposant, à peine de cinq cens liures d'amende , applicable moitié à l'Hospital general, & l'autre audit Exposant : SY VOVS MANDONS , & à chacun de vous ordonnons, que du contenu en ces presentes , vous ayez à faire iouïr & vser ledit Impetrant, & ceux qui auront droict de luy plainement & paisiblement, cessant, & faisant cesser tous troubles & empeschemens au contraire, à la charge d'en mettre deux Exemplaires en nostre Bibliotheque publique, & vn en celle de nostre tres-cher Feal Chancelier le Sieur Seguier Chancelier de France : CAR tel est nostre plaisir. DONNE' à Paris le trentiesme iour d'Aoust, l'an de grace mil six cens cinquante-sept, & de nostre Regne le quinziesme.

Par le Roy en son Conseil,

COVPEAV.

LA PEINTVRE

PARLANTE,

DV SIEVR PADER.

DIALOGVE.

Le fils MONSIEVR, *si ces ¶ Contours dés le*
commencement,
Me font voir que ie fais si peu d'aduance-
ment,
Si ie suis déja las & n'ay fait que portraire,
Si ie trauaille tant à suiure vn exemplaire,
Qu'elle sera ma peine à mesme que les Ans
De mes difficultez se rendront partisans?
Quel espoir dois-ie auoir de la rare Peinture
Ne pouuant acquerir la simple Portraiture,
Certes ie perds courage, & ces difficultez
Bornent de mon esprit les nobles facultez.

    Le Pere. Agreable entretien qui porte dans mon Ame
Les Vigoureux rayons d'vne loüable flame!
Feux qui sous vn bois verd, ne luisez qu'à demy
Raisonnement douteux encor mal affermy,

Il faut auoir recours aux pages preceden es pour auoir l'explicatiõ des mots qui auront la mesme marque. ¶

A

I'attends beaucoup de vous & dans voftre foibleſſe
Ie trouue vn fort ſoûtien a ma foible Vieilleſſe,
Eſcoute bien mon fils, pour que ton ſouuenir
Mes preceptes au cœur puiſſe mieux retenir.
Comme tout ce qu'on voit ſe porter à l'extréme
Eſt ou paroiſt mauuais, iuſqu'à la bonté meſme,
Ainſi par les effects de ta timidité
Tu pourrois tout gaſter en cet extremité.
Car ſi la vanité nous offuſque & nous trompe,
Nous tenant abuſez par vne fauſſe pompe,
Le découragement nous fait tomber les bras
Et par de vains ſoubçons retourner ſur nos pas.
Ie prefere pourtant vne modeſte crainte
Par qui la vaine gloire eſt à demy retrainte,
Au faſte ambitieux d'vn temeraire orgueil
Qui morgue le deſtin & ſe rit du cercueil :
Tels Genies n'ont rien qui ne leur ſoit facile,
Au milieu de l'obſtacle ils font leur domicile :
Les perils eminents ne les arreſtent pas :
Mais à quoy s'arreſter s'ils ne les voyent pas ?
Les fous & les enfans d'vne courſe indiſcrete
Marchent ſur vne planche & ſimple & fort eſtrete,
Sans craindre le peril qui paroiſt éuident
D'vn bois demy pourry qui leur pas va guidant
Au bord d'vn haut Rocher, où le Torrent qui paſſe
Au pied roule eſcumant des cailloux qu'il fracaſſe.

Le F. Doncques la connoiſſance augmente la terreur
Imprimant dans nos cœurs tout ce qu'elle à d'horreur.

Le P. Nulle difficulté l'exemple eſt manifeſte
Soit parceque i'ay dit, ou ſoit par ce qui reſte,

Vn homme accoustumé de se leuer la nuict
Saute les yeux ouuerts, abandonne son lict,
(Les yeux ouuerts pourtant sans iouyr de la veuë)
Ouure tres-bien la porte, & trauersant la ruë
Se iette dans le fleuue, y nage adroitement,
Apres, il s'en retourne, ouure parfaictement,
Clost derechef la porte & reprenant sa couche
Dessus son matheras sans s'éueiller se couche.
Il y va si souuent que deux de ses amis
Le suiuent, & voyans que dans l'onde il s'est mis
L'appellent par son nom de crainte qu'il se noye,
Fatale charité qui chez Pluton l'enuoye ;
Puis qu'au bruit de son nom s'esueillant en sursaut
Trouuant son lit flottant soudain son cœur tressaut,
La raison l'abandonne, & sans nulle conduite
Son ame dans son corps se trouue en fin reduite.
La partie Animale alors fait ses efforts
Pour éuiter d'aller au Royaume des morts :
Il souffle à contre-temps, vomit l'onde & l'auale,
En sorte qu'à la fin iusqu'au fons il deuale,
Mais vn esprit plus fort qui le fait tourmenter
Sur la face de l'eau le force à remonter
Roulant, pyroüetant, & puis comme vne pierre
Son corps se precipite & descend iusqu'à terre.

    La Naiade qui dort sur son lict de Roseaux
S'esueille par le bruit, tant des voix, que des eaux,
Et voyant ce corps mort sur le sable descendre
S'imagine que c'est quelque nouueau Leandre,
Qui ne pouuant souffrir le brasier de l'Amour
L'a voulu ralentir dans ce moite seiour.

Le F. *A vous ouyr parler c'eſt la ſeule ignorance*
Qui nous met à l'abry d'vne ferme aſſeurance ;
Puis que le peril veu, cét homme ſe perdit.

Le P. *Ouy s'il euſt ignoré le grand danger qu'il vit*
Il s'en fuſt retourné, puis ſelon ſa couſtume
Euſt dormy iuſqu'au iour ſur la laine ou la plume.

Le F. *Vous m'auez pourtant dit que le ieune aprentif,*
Bien loin d'eſtre orgueilleux doit eſtre vn peu craintif,
Et qu'il faut preferer vne modeſte crainte
Au faſte ambitieux dont vn ame eſt atteinte.
Que la temerité ne reconnoiſſant pas
Le danger euident nous ſauue du trepas,
Et pour rendre la choſe & plus claire & plus ample
Vous m'auez fait entendre & l'vn, & l'autre exemple :
Il faut donc tout oſer, & par l'aueuglement
Nager meſme endormi ſur l'humide Element.

Le P. *Tu ne prends pas le biais, ny le ſens qu'il faut prẽdre,*
Mon conſeil eſt obſcur tu ne l'as peu comprendre.
La crainte n'exclud pas la belle ambition ?
Mon fils ne vois-tu pas la contradiction.
Il faut eſtre prudent, puis que par la prudence
On éuite le mal mieux que par l'ignorance,
Ignorer le peril ce n'eſt pas l'euiter :
Les fous & les enfans ſe vont precipiter ;
Quoy qu'on voye ſouuent que leur fole conduite
En ſon aueuglement fait quelque reüſcite.

Si cét eſprit tout feu, ce Peintre ambitieux
Qui plus fier qu'vn Icare oza brauer les Cieux
N'euſt hazardé par l'air ſa machine volante,
Il ne fuſt pas tombé dans de la chaux bruſlante

Y Guidoti, guida mal son esprit & sa main;
Puis qu'il passa pour fol chez le peuple Romain;
Il deuoit plus rusé d'vne iuste balance
Peser l'euenement d'vne telle insolence.
Ce Genie excellent ne manquoit pas d'esprit,
Et pour en auoir trop c'est ce qui le perdit.
S'il eust eu plus de sens & plus de retenuë
Il n'eust pas hazardé son corps sur vne nuë.

Tu dois doncques mon fils d'vn iugement plus sain
Des yeux de ton esprit penetrer mon dessein,
Et quittant cét Icare aller apres Dedale
Volant entre deux Airs d'Aisle tousiours égale.
Pour bien Peindre il te faut suiure le naturel
Marchant sur vn chemin droit & continuel.
L. F. *Me faut-il simplement imiter la nature*
Pour deuenir fameux en l'Art de la Peinture;
Le P. Il la faut imiter, mais c'est adroitement;
Car il ne suffit pas d'imiter simplement;
Puis qu'il n'est rien de beau, rare, charmant, & iuste
Qui n'ait quelque defaut, & que l'Art ne l'ajuste.
I'ay dit en peu de mots ce que par quinze iours
On pourroit augmenter d'vn prolixe discours,
Aussi sur ce Piuot ma machine esclatante
Fera tousiours rouler ma Peinture parlante.
I'ay ietté sur le Roc le ferme fondement
Destiné pour porter l'auguste bastiment,
Superbe en sa matiere, & par l'Architecture
Qui doit seruir de Temple à la rare Peinture.
Le F. *En effect, c'est parler fort laconiquement*
De dire, il ne suffit d'imiter simplement,

1.
Temeraire
entreprise
du Guido-
ti.

2.
Precepte
tres im-
portant.

Et qu'il n'eſt rien de beau, rare, parfait, auguſte,
Qui n'ait quelque defaut, & que l'Art ne l'aiuſte.

    Le P. *Tu dois craire pourtant & grauer dans ton cœur.*
La verité qui luit deſſous ce voile obſcur.

    Le F. *Parlez doncques plus clair, rendez-là manifeſte.*

    Le P. *Ie le veux, comprends donc & retiens ce qui reſte.*
Si tu veux paruenir à la perfection,
Iette tes fondements ſur la Proportion.
C'eſt le degré premier où ie veux que tu paſſes
Pour arriuer vn iour à de plus hautes claſſes:
Et pour y reüſſir ne te figure pas
Qu'il faille abandonner la reigle & le compas,
Sois vn peu Geometre & dans cette pratique
Obſerue que ſon fonds vient de l'Arithmetique,
Dont les nombres font voir que cét Art precieux
Pour ouurir noſtre eſprit fut enuoyé des Cieux,
Prends garde toutefois que l'excés de ſes charmes
Ne t'arrache des mains de plus vtiles armes,
Et ſi ton ſoin luy donne vn iour d'attention
Qu'il en conſacre trois à la proportion.
Suy le Docte Lomaſſe, admire ce grand homme,
Puis qu'il ſert de conduite aux plus ſçauans de Rome,
Et ne m'allegue pas vn tas de Peintrillons
Qui ſans Art, ny raiſon, ne ſont que des broüillons:
Vrais broüillons, barboüilleurs de tables & de toiles
Quant bien leur nom fameux iroit iuſqu'aux Eſtoiles,
Imite ce qui peut leur auoir reüſſi;
Mais quant à leurs erreurs n'en vſe pas ainſi.
Il n'eſt qu'vn ¶ Pollion, *& pour vn Architecte*
On trouue cent Maſſons enrollez ſous ſa ſecte,

Que la
Proportiõ
eſt la pre-
miere claſ-
ſe de la
Peinture.

Qu'elle a
beſoin de
la Geome-
trie & de
l'Arithme-
tique.

Auſſi ſous l'eſtandart des Peintres renommez,
Quelques-vns au G Deſſein ont eſté conſommez ;
Meſmes quand au deſſein, les vns par leur addreſſe
Ont marié la force à la molle tendreſſe.
D'autres à qui le Ciel verſa le haut Talent
D'vn genie inuentif, reſolu, violent,
N'ont manqué d'autre choſe en cette promptitude,
Que de la temperer par le poids de l'eſtude :
Et d'vn raiſonnement prudent, ſage, diſcret
Du Stille plus pompeux attraper le ſecret.
Tel fut l'habile ouurier qui naſquit ſur la coſte
Où le ſexe pudique impudiquement flotte,
Où les hommes ſans foy, la Mer ſans nuls poiſſons
Font agir ſourdement leurs plus mortels poiſons.
Où l'on voit que la terre eſt ſans bois & ſans herbe
Où s'éleue en vn mot cette Ville ſuperbe
Qui d'vn riche ornement fait voir dans ſes vergers
Les Palmes, les Iaſmins, & les verds Orangers.
Cangiaſio fut le nom de cét Ouurier habile
Dont le Pinceau fecond ne fut iamais débile :
I'ay veu de grands Palais qu'il peignit des deux mains
Sans faire les G Cartons, Traçant tous les Deſſeins
De G l'ante du pinceau, & preſque ſans eſtude
Son Pinceau paroiſſoit voler de promptitude,
L'eſcurial de luy tient les corps renuerſez,
Biſarres, furieux, l'vn ſur l'autre entaſſez,
Luy qui dans ce caprice eſpouuantable & ſombre
Fait vn grand pelotton de figures ſans nombre
Et parce qu'il n'y fut que deux ou trois matins
On dit que ce trauail fut fait par les Lutins.

Tel fut du Titien le Disciple admirable
Dont le pinceau ronflant fut presque inimitable,
Car si Lucas fut viste on dit que Tintoret
Ne luy ceda iamais & qu'il fut plus correct.

D'autres quand au dessein, ont eu l'intelligence,
Plus d'Estude, plus d'Art, & moins de violence.

L'vn fut maiestueux, l'autre fut inuentif,
L'vn trop mol & Floüet, l'autre grand perspectif.

D'autres pour les Couleurs deuenus Idolastres
Ont cherché des Verris, des Pastels, & des Plastres
Non iamais pratiqués & sous ce faux esclat
Ont fait passer pour riche vn dessein assez plat.
Ceux qui font leur Peinture ainsi qu'vne prairie
Sont les plus reculez de leur Cathegorie.

Les Lombards éloignez de tels Iardins fleuris
Paroissent absolus pour le grand Coloris,
Leur pinceau franc & net d'vne force discrette
Charme nostre intellect par sa vertu secrette.
Icy le Ticien & l'Illustre d'Vrbin
Font paroistre l'esclat de leur stille diuin.

Mais sans les offenser, celuy qui sous la roüe
De l'aueugle Deesse accablé de la boüe
A peine peut hausser & sa teste & ses mains
Surmonta les Lombards & rauit les Romains :
Les malheurs conspirans la fin de sa ruine
Armerent contre luy leur plus forte machine :
Correge corrigeant tous les deffauts des corps
Obligea la nature à de pareils efforts,
Nature le Cœur gros de dépit & de honte
De voir qu'vn seul mortel ses ouurages surmonte ;

Par

Par d'imparfaits deſſeins à des parfaits Tableaux
Soûleue lâchement vn deluge de maux,
Mais contre leur attaque, il ſçeut bien ſe deffendre
Et ſortit du Combat comme vn autre Alexandre

 Le F. Monſieur faut-il tracer tant de dimentions
Pour deuenir ſçauant en ces proportions.
 Le P. Ouy du commencement afin que tu l'entendes
 Le F. Et le dois-ie touſiours ?
     Le P. Non qu'aux figures grandes.
 Le F. Tant de chiffres ne ſont qu'vn parfait embarras
Qui troublent mon eſprit, & me rompent les bras :
Et croy-ie que la route au Valeureux Theſée
Du Dedale embrouillé fut beaucoup plus aiſée?
Dieu quelle patience à tracer les Hauteurs :
Quelle geheſne à l'eſprit de trouuer les largeurs,
Et quand tout eſt marqué, l'on n'a que l'auantage,
D'auoir mis la figure en fin dans vne cage,
Qui borne noſtre eſprit, & retien noſtre main,
Mettant dans la priſon, le peintre & ſon deſſein.

 Le P. Ie parlois comme toy lors que i'eſtois moins ſage :
Et quand ſous le Troyen i'eſcoulois mon ieun'âge,
I'entends le ſieur Chalette admirable aux portraicts,
Luy qui pour les petits redoubla ſes attraicts ;
Mais ie changea de note au moment que le Tibre
Eût changé ma ¶ Maniere & ma façon de viure,
I'eſcoutay la raiſon, & pour faire mon cours
Le Docte Milanez s'offrit à mon ſecours.

 Le F. Quoy? ne pourrois-ie pas ſans prendre le Lomaſſe
Me ſeruir du Couſin & le mettre en ſa place.
Le P. Iean Couſin eſt facile & va naïfuement :

         B

Il eſt vray qu'il procede vn peu legerement,
Et ne donnant en tout qu'vne ſeule figure,
Ne peut pas nous pouſſer quant à la portraiture.

     Le F. Pour rendre encore plus forts ces premiers fondemés
Prendray-ie point Duret l'honneur des Allemans.

     Le P. Si Couſin eſt facille, Albert par ſa methode
Pour eſtre trop correct, te ſeroit incommode
Son liure eſt le plus net, plus copieux & parfait
Pour la proportion) qu'autre que l'on ait fait;
Mais ce n'eſt pas le fait d'vn Peintre qui doit eſtre
Tendre dans ſa maniere & non pas Geometre.
--Remarque de ſurcroiſt que la Proportion
--N'eſt pas le ſeul obiet de noſtre intention,
--Et que ſi ſa doctrine eſtoit par nous ſuiuie
--Cent-ans ſeroit trop peu pour la plus courte vie.
En vn mot, le Lomaſſe a trouué le vray biais,
Nous ouurant vn chemin qu'on n'auoit veu iamais,
Pour former nos eſprits & rendre tel vn homme
Qu'il pourra faire teſte aux plus parfaits de Rome;
Outre ce qu'il varie en ſes Dimention,
Il ne dit trop, ny peu quant aux proportions;
Et pour nous rendre tels qu'il faut en la Peinture
Cloſt ſon premier traicté de riche Architecture.
Par Adam il commence, Eue & puis leurs enfans,
Donnant en trois façons le progrez de leurs ans.
En l'exemple premier qu'il nomme vn petit monde
Du Roy des animaux la belle forme il ſonde,
Et ſur ce noble obiect de ſon Raiſonnement
Il iette en premier lieu le premier fondement;
Puis de ce corps parfaict (s'aidant de la Muſique)

8.
Que pour
exceller en
la Peinture
vniuerſelle
il faut ſui-
ure la do-
ctrine de
Lomaſſe.

Il presente a nos yeux l'assemblage Harmonique :
Or si le monde est beau par sa varieté
Le Liure du Cousin doit estre reietté.
Celuy d'Albert Duret nostre esprit embarrasse ,
Mais le grand Milanez s'y prend de bonne grace ,
Puis qu'il n'est pas content de faire simplement
De quinze corps diuers le iuste aiancement ,
Adioustant de surcroist que la figure forte
Pour vn puissant guerrier doit estre de la sorte.
Que celle qui contient sept testes de hauteur ,
Est fort propre à former l'Illustre Crocheteur
Qui soustient de ses bras & courbe son eschine
Sous l'immense fardeau de la ronde machine.
Celle qui n'a le corps n'y trop bas, n'y trop haut
Pour peindre vn sainct Michel est tout ce qu'il nous faut ,
Celle qui du g Bregma iusques à la semele
A Neuf testes , est propre à l'enfant de Semele ;
Et comme son aspect est gresle & gracieux
On la peut adapter au Messager des Dieux.

La premiere qu'il donne aux Chapitres des femmes
Ne produict que des feux, des attraicts & des flames ;
Mais vn feu qui le cœur de la ieunesse espoint ;
Et si le sec papier ne s'y consomme point ;
C'est qu'il a du respect pour ce diuin ouurage
Et craint d'aneantir vne si belle Image.
Celle qu'on voit plus gresle & qui bien-tost la suit ,
Nous donne vn beau portraict du flambeau de la nuit ;
Tel doit estre en effet le corps chaste & pudique
De la sœur du Soleil , bien que nuë & publique
Aux yeux de tout le monde où son ressentiment

9.
Que selō la
nature des
personnes
il faut chā-
ger de pro-
portion.

Luy fait perdre de honte , & force & mouuement.
Cette mefme figure eft fort vtille encore
Pour peindre des neuf Sœurs la troupe que i'honnore ,
Ces filles dont l'efprit fans eftude m'aprit ,
L'art qui de tous les Arts demande plus d'efprit
Ce fauori du Ciel qui d'vne noble flame
Dans les plus froids glaçons vient efchauffer noftre ame.
    Les Nymphes des forefts & celles qui dans l'eau
Prefentent à nos yeux vn liquide Tableau
Ont les mefmes hauteurs ; fi bien que leur figure
Nous monftre à mettre au iour leur naïfue peinture.
On peut rendre leurs corps plus petits ou plus grands
Et peindre leur vifage en des Airs differents.
Et pourueu que le Peintre vn air fier luy conferue
On la peut adapter à la docte Minerue.
Celle de qui l'afpect eft doux & gracioux
Appartient proprement à la Reine des Cieux ,
A la fœur de Moyfe & d'autres Heroïnes,
Dont le fein efchauffé par des flames Diuines
Dans ce facré tranfport ne fe peut retenir
De nous rendre prefens les fiecles a venir.
En vn mot fur la fin la figure moins belle
Eft vn modelle exquis pour mettre au iour Cybelle ;
Et par là nous voyons que le fuiet moins beau
A fes perfections pour orner vn Tableau.
    De plus , Ce fort Genie efleuant fa penfée
Au deffus du plus haut où l'ame eft eflancée ,
Dans le riche traicté de la proportion
Expliquant fa Doctrine & fon intention ,
—Nous dit que la prudence aux bons Peintres ordonne

--De ioindre autant & plus qu'vn obiect abandonne
De ſa iuſte grandeur, par ſon eſloignement ;
--Si l'on veut eſuiter vn lourd achoppement ;
--Puis qu'a meſme que l'œil s'éloigne d'vne choſe
--L'Angle Piramydal dont le Conus repoſe
--Au centre de la veuë amoindrit peu a peu,
--Tant, que finalement cét obiect n'eſt plus veu.
--Ce beau miroir viuant merueille de nature
--Qui reçoit dans ſa glace vne viſue peinture.
Les Coloſſes plus grands voit preſque anneantis
Et par l'éloignement les hauts-monts tres petits ;
-Ses Eſpeces venans ſi foibles & preſſées
-Que l'Angle trop aigu les rend preſque effacées :
-Par la meſme raiſon & les meſmes vertus,
-Lors que l'obiect eſt pres l'Angle ſe fait obtus,
-Et rend d'vn petit corps les petites parcelles
-Diſtinctes par l'effort des vertus viſuelles.
En ſuitte des enfants ; il donne du Cheual
Les preceptes hardis d'vn pas touſiours eſgal :
Où la noire liqueur qui coule de ſa plume,
Par vn prodige eſtrange en exprime l'eſcume,
Il l'anime, il le pouſſe, & d'vne adroite main,
Le trauaille à ſouhait ſans baguette ny frain :
Ce fougueux Bucephal franchiroit la Carriere ;
Si pour le retenir il n'euſt mis pour barriere
Vn ſolide rampart de qui le fondement
Sur des Pilliers Toſcans s'appuye fermement.

    Le F. Mon cours eſtant finy dans la premiere Claſſe
Pour me rendre parfait que faut-il que ie faſſe.
    Le P. Imiter l'Eternel qui ſoufla ſon eſprit

10
Precepte
important
pour l'opti-
que.

Dans le corps du Limon que luy mesme paistrit,
Adam estant formé de cette neufue terre
Qui n'auoit point senty les efforts du tonnerre,
Et dont la pureté n'a rien de détruisant.
Où tousiours la vigueur se va reproduisant,
Où les esprits vitaux sans obstacle s'augmentent
En qui les Elemens eux mesme se fomentent
Estoit sans mouuement ; ses yeux n'y voyoient pas,
Ses Pieds quoy qu'acheuez ne formoient aucun pas,
Sa main de tous Outils, l'Outil plus necessaire
Croupissoit sans agir & ne sçauoit rien faire;
Mais comme nous voyons par l'approche du feu
La Poudre s'enflamer, surprendre à l'impreueu
Dans le mesme moment qu'elle nous parest terre,
Disparêtre par l'Air, & former le tonnerre,
Lancer vn gros Boulet qui détruit le trauail
De tout ce qui s'oppose à son rude metail.
Ainsi (comme i'ay dit) que la poudre s'enflame
De mesme Adam se meust d'abord qu'il receut l'Ame,
Et le soufle Diuin qui coula dans son sein
Donna le mouuement tant au Pied qu'à la main :
Son œil fut tout surpris de voir tant de merueilles
Et sa voix le charma par ses propres oreilles:
Ce chef-d'œuure acheué parla dés le Berceau,
Et mit au iour les traicts d'vn Eternel Peinceau,
Son Corail animé rendit soudain esclofes.
Les paroles d'amour, & le parfum de Rofes,
La nature admirable, admira l'Immortel
Et pour loger Adam offrit son grand Hostel.
    Le F. Encore vn coup Monsieur que me faudra-il faire

Pour pouuoir reüssir en vne telle affaire

    Le P. De la proportion comme du fondement
Il te faudra passer dedans le Mouuement ,
Et des secrets ressorts que son secret nous porte
La Figure animer qui s'embloit estre morte.
C'est icy que Lomasse cfueille nos esprits
Qui d'vn pesant sommeil sembloient estre surpris :
Portant d'vn ton plus haut les Airs de sa Musique ,
Il estalle les traicts de sa docte Physique
Animant le Limon d'vn iuste mouuement ,
Par le puissant effet de son Raisonnement ?
C'est icy que son front d'vn vert Laurier s'ombrage
Par ce nouueau fleuron qu'il ioint à son Ouurage;
Dans ce second Traicté mon fils poursuy ton cours,
Et tire le profit d'vn si rare discours.

    Le F. Comme pour le premier mon ame fust rampante
Elle trouue au second sa naturelle pante.
Il nous faut animer de violents efforts.
La Toille & la couleur qui d'eux mesme sont morts.

    Le P. Tout beau, PADER tout beau, ton Genie trop viste,
Esblouy d'vn faux feu s'esgare sans conduite;
Sans la proportion tout ce beau bastiment
S'esboulera bien-tost faute de fondement.

    Le E. Monsieur i'obeïray.

              Le P. Fay donc & te dispose
A suiure le conseil que ton Pere propose,
L'on s'abuse en effet de donner l'action
Si c'est au détriment de la proportion;
Outre que la plus part en cet endroit se trompent,
Et leurs faibles Esquifs sur ce Rocher se rompent;

II
Le mou-
uement se-
conde classe
de la Pein-
ture.

12.
Prudence
qu'il faut
auoir en la
distributiõ
du mouue-
ment.

N'est-ce pas ce tromper defaire violent
Le geste d'vn craintif, lors qu'il doit estre lent :
N'est-ce pas s'égarer & peindre à l'aduenture,
De croire d'exceller en la rare Peinture,
En donnant de la force à tous genres de corps ;
Faisant sans jugement rire & marcher les morts.
C'est le plus glissant pas qui soit en ce voyage
Et la Scille trompeuse où nous faisons Naufrage ;
Ouure doncques tes yeux, prens bien garde à ce point,
Marche dessus mes pas & ne t'escarte point,
L'Illustre ℈ Milanez nous seruira de Phare,
Pour posseder vn iour vne science si rare ;
Luy de qui l'Art diuin nous force à l'escouter
Lors que de tous deffauts il nous veut dégouter.
Luy, dis-ie qui sans yeux dessille nos paupieres
Produisant par sa nuit le iour de nos lumieres,
Et qui par vn prodige admirable & nouueau
Nous esclaire sans flame & conduit sans Flambeau.
    Le F. Quoy tousiours l'action en tous cas n'est pas bonne?
    Le P. Non quand la verité le contraire t'ordonne ;
Si le pinceau se meut sous vne docte main,
Il nous fait distinguer l'Ibere du Germain :
L'Irlandois blanc & blond, de ceux de la contrée
Ou l'eau sans de grains d'or n'est iamais rencontrée :
Le barbare Affriquain, du noir More frizé
Et le Mahometan, du peuple Baptizé
Donnant l'Air, la Couleur, la Phisionomie.
    Le F. Dois-ie pas consulter plustost ℈ l'Anatomie.
    Le P. Il te la faut sçauoir, mon fils, legerement,
    Le F. Ie Croyois que ce fust le premier Element.

Qu'il

Qu'il nous falut de là commencer la Carriere,
Et par l'ombre d'vn corps en auoir la Lumiere :
Que ce corps despoüillé des graces de là peau
Fut la source pourtant de celles d'vn Tableau.

13
Qu'il faut
sçauoir l'A-
natomie ex-
terieure.

    Le P. Elle nous fait besoin sur tout pour vn Hercule
Qui court & fort musclé paroistra ridicule
Si comme vne Venus ou son cher Adonis,
De son Robuste Corps les muscles sont bannis.
Il nous suffit pourtant d'vne seule Figure ;
Puis que les muscles ont mesme forme & figure
Tant au Corps gresle & long qu'au corps robuste & court
Et qui gros & quarré paroist terrestre & lourd ;
Car bien qu'ils soient petits ils ont la mesme forme
De ceux d'vn fort Geant, d'vne grandeur enorme ;
Icy la ¶ Ronde-bosse amene son secours,
Et nous monstre en tous sens la force des contours :
Les Rochers les plus lourds par des mains tres-habiles
D'inutiles qu'ils sont deuiennent fort vtiles ,
Et le sçauant Sculpteur desgrossant leur Chaos
Nous fait paroistre chair ce qui n'est qu'vn pur os.
Prens garde toutes-fois que par l'Anatomie
Tels Corps ne soient trop ¶ secs en ton ¶ Academie ;
Fay chois d'vn beau ¶ Modelle, & pour le mouuement,
Mets ¶ l'Acte auec ardeur, & par fois mollement,
Selon la passion qui dans le Corps domine
Changeant suiuant le temps, l'âge , le poil , la mine.

    Le F. Vn Acte nonchalant , selon nostre discours ;
Se peut doncques souffrir , quoy qu'il ait moins de cours ,,

    Le P. C'est icy le mystere , icy mon sein ie t'ouure ,
Puis qu'vn Pere à son fils ses grands secrets découure,

Mon amour paternelle à ce coup dans mon sein,
Te fait voir les ressorts plus cachéz du dessein ;
N'atens pas ce grand bien en cét âge barbare
Où le meilleur amy par l'interest s'égare
Du sentier le plus propre à seruir son amy,
(Auquel s'il rend la main ce n'est plus qu'a demy)
De tout autre que moy tu commettrois vn crime,
Par ce penser trompeur & si peu legitime.
-Ce sont les sentimens des plus doctes Pinceaux.
-Prens donc garde mon fils, que les sales Pourceaux.
-Ignorans leurs beautés, ainsi que leur merites,
-Ne foulent sous leurs pieds ces rares Marguerites.
Ie t'ay moustré l'erreur, quand aux proportions,
Escoute maintenant celle des actions.
Tu sçais bien ce qu'on fait dedans l'Academie,
Et comme la raison, sans raisons endormie,
Abandonne vn modelle au sot aueuglement
De celuy qui pretend sçauoir le Mouuement?
Qu'on met l'Acte tousiours dans des efforts penibles
La plus part affaictés, trop forcés, trop terribles ?
Qu'on ne cherche iamais en la naïfueté
D'vn geste nonchalent la grace & la beauté ?
En vn mot que iamais les Peintres n'y raisonnent
Qui dans le seul trauail de leurs mains s'abandonnent,
Cheminans au hazard par les sombres sentiers
Que la pratique monstre és plus chetifs mestiers ;
Et comme si cest Art, sans Art dans son escole
Pour faire des Muëts deffendoient la parolle,
On y voit des Ouuriers a la fin de leurs cours
Ainsi que leurs Tableaux dénuës de discours ;

Et pour te faire voir sans prendre trop de peine
De cette verité la preuue tres-certaine :
Contemple dans les vers du sieur de sainct Amant
D'vn Morphée endormy le portraict plus charmant ;
Là tu verras soudain quelle est leur ignorance ;
Puis qu'il nous le fait voir
Par son rare sçauoir,
Dans les bras de la negligence
Lachement couché sur son dos
Dessus des Gerbes de Pauots.

Ce n'est pas que le geste approchant de la flame
Qui rend le corps suiet aux passions de l'ame
Comme le principal ne soit fort à propos ;
Mais puis que certains corps panchent vers le repos ,
Et que pour exceller en la rare Peinture
Nous deuons imiter les effets de nature ;
C'est chopper lourdement & manquer de discours,
De faire en tous les corps l'enflure des contours
D'vne pareille force , & pour paroistre habile ,
Monstrer euidemment qu'on a l'esprit debile.

    Nostre J Apelle François d'vn Peinceau plus sçauant
Chasse de ses Tableaux ce monstre deceuant.
C'est là qu'on voit le Roy que la pourpre enuironne
Porter vn front Royal digne d'vne Couronne ;
Son maintien graue & doux est mis en tel estat
Qu'il fait connoistre à tous que c'est vn Potentat ,
Il porte vn Sceptre d'or riche d'Orfevrerie ,
Dessous vn dais pompeux d'or & de broderie ,
Sans qu'on voye en son front rien qui soit arrogant ,
Et que pour l'animer il soit extrauagant.

C 2.

14
L'Actitude
qui aproche
de la forme
endoiäte de
la flame, dô-
ne vn grand
esprit aux
figures.

Diuers
exemples
tirés des
Oeuures de
Mr. Pouſſin

Cét illuſtre Pinceau fait , par d'illuſtres marques ,
Qu'on lit deſſus ſon front le noble air des Monarques ,
Et d'vn loüable crime , à nos yeux eſtonnés ,

Des Roys. Fait d'vn peu de couleurs des Princes couronnés.

C'eſt là que le Berger qu'vn peu de toille couure
Oppoſe ſa cabane, aux portiques du Louure ,
Le chaume, à la dorure, & le torchis tremblant
Aux ſuperbes feſtons du jaſpe eſtincellant :
La houlette eſt ſon Sceptre , & pour marque ſuprême

Des Ber-
gers. Vn vert chapeau de fleurs luy ſert de Diadéme.

Des enfans. Icy l'on apperçoit folaſtrer les enfans.

Des Vieil-
lards. Là les vieillards courbés ſous la faix de leurs ans ,
La Neige ſur leur teſte ou la noirceur s'éfface,
Et qui iuſques au cœur leur va porter ſa glace ,
Se forcent d'échauffer leur arriere ſaiſon
Appuyant ſur trois pieds leur tremblante maiſon.

D'vn coſté quelque faune eſpris d'vne Bergere
La talonne & la ſuit d'vne courſe legere.

Des Guer-
riers. Le genereux Guerrier boüillant dans le combat
Icy d'vn fer aigû ce qui s'oppoſe abat ;
On diroit le voyant en l'excez de ſa rage
Que rien ne fut iamais eſgal à ſon courage :
Son bras victorieux rend les ſiens affermis ,
Et porte l'eſpouuante au camp des ennemis :
Le ſang & la ſueur meſlés à la pouſſiere
Couurent ce nouueau Mars d'vne crouſte groſſiere.
L'aſſeurance en tout temps chez luy fait ſon ſeiour,
Il eſt robuſte & frais comme le premier iour,
Mais ce qui me ſurprend c'eſt qu'en venant de naiſtre
Son bras ſortit armé, de la main d'vn grand Maiſtre.

L'à fonds non commun de son rare dessein
Panche negligemment la jouë sur la main,
Le coude sur la cuisse, & par cette posture
Vn vieil Prophete resue à la race future :
Sa barbe venerable au dessous du menton
Iusques sur l'estomach espend son blanc cotton :
Il tient les yeux clouës si fermement à terre
Qu'il ne bransleroit pas pour le bruit du tonnerre :
Et mesme il parleroit, si son rauissement
Ne l'eust priué de voix comme de mouuement,
Son silence pourtant cause nostre parole,
Et nostre esprit sur luy par le regard s'enuole,
Son immobilité fait nostre estonnement,
Et son attention, mieux que son mouuement.

Des Prophe-
tes.

   Lors qu'il peint vn Amant sur le sein de sa dame
On diroit, sans mentir, qu'il expire & rend l'Ame :
L'aise parest si fort dedans ses yeux mourants
Qu'il ne se peut cacher qu'à ceux des ignorants.
D'vn costé mille amours folastrans sur les nuës
Exposent aux mortels leurs beautés toutes nuës :
De l'autre vn pareil nombre appendent par les airs
Des festons esmaillés de cent bouquets diuers ;
L'enuie en cét endroit par vn effet estrange
Quittant son noir venin publie sa loüange,
Et ses enfants aislés qui descendent du Ciel
Rendent tout son absinthe aussi dous que le miel.

Des Amant

   Il n'est rien de si beau que ses Nymphes sont belles ?
La nature iamais n'en façonna de telles :
La fraischeur de leur teint esbloüissant nos yeux
Monstre visiblement qu'il est venu des Cieux ;

Des Nym-
phes.

POVSSIN *troublant nos sens par ses subtiles voiles*
Nous fait idolatrer les couleurs & les toiles,
Il semble que l'Amour, des plus fins marroquins
Couuerts de gaze d'or ait fait leurs brodequins,
Et que pour rendre, l'œuure & plus rare & plus belle
Il ait ioint au tissu le duuet de son aisle :
Pour augmenter le prix d'vn si riche thresor,
Les plus nets Diamants ioints à de Chattons d'or,
Parmy leur vif esclat, font voir par interualles
Les couleurs de l'Iris qui parest aux Opales.
Quelques cheueux errans sans ordre & sans dessein
Folastrant vont troubler le calme de leur sein,
Où deux monts animés quoy que couuerts de neige
Tesmoignent que la flame au dedans tient son siege :
Partie resserrés par vn soin diligent
Lient nos libertés dans des cordons d'argent :
D'autres non moins fatals à causer du martyre
Voltigent doucement sur l'aisle du Zephire :
Ce doux courrier d'Éole enrichit leurs habits
Des larmes de sa mere & des plus beaux Rubis,
Qu'il enleue du Char dont la blancheur premiere
Au peuple de l'Asie apporte la lumiere :
Ce fauori de flore entre dans ses Iardins
Pour y cueillir l'œillet, la rose, & les Iasmins,
(Rose pleine de musc & qui n'a point d'espines)
Qu'il seme sous les pas de ces beautés diuines,
D'autres ont leur coëffure ajustée à tel point
Que celle de Venus ne s'y compare point ;
Il semble qu'elle mesme ait employé ses graces,
Ses Peignes, ses Frisoirs, ses Poudres & ses Glaces,

Pour rendre plus puissants sur ces terrestres lieux
Des obiects suffisants à captiuer les Dieux.
Leur bras blanc & poly qui l'embonpoint découre,
Sous vn leger tabis qui voltige & s'entroüe
Fait suiure le poignet d'vne si belle main
Qu'elle porte d'abord mille traicts dans le sein,
Sans que iamais le cœur contre elle se rebelle :
Cherissant les effects dont la cause est si belle.
Leur costé mi-partie aussi rouge que sang
S'ouure à trois boutons d'or à costé de leur flanc,
Et s'escartant plus bas à l'endroit de la anche,
Expose à nos regards leur cuisse ronde & blanche :
Le reste des habits aiustés sur leur corps
Couurent comme enuieux vn monde de thresors.
Vn plaisir imparfait qui nostre cœur allume
Aux premieres douceurs fait suiure l'amertume,
Et nostre œil alleché par d'affligeants appas
Voudroit aperceuoir tout ce qu'il ne voit pas.

   A-ton iamais rien veu pareil à ses Baccantes
Lors que le Dieu Bachus de ses chaleurs picquantes,
Excitant leur fureur les pousse à s'emporter,
Ayant bû la liqueur qui les fait transporter :   Des Bachã-
L'vne ayant de Lyerre vne espaisse couronne   tes.
Son Tyrse dans la main qu'vn vert pampre enuironné,
Les yeux estincellants monstre par ses regards
Que son esprit malade à des desseins hagards :
L'autre qu'vn petit voile à peine rend couuerte
Joint ses ℑ Parieteaux à la Guirlande verte,
Et d'vn geste lubrique autant qu'extrauagant
On la voit sans raison deçà, delà vaguant.

Sa compagne à cofté d'vn traict auffi fantafque
Roufle fa blanche main fus vn tambour de bafque
Puis hauffant le talon, d'vn polmon pantellant,
Selon l'air du tambour va toufiours fautellant :
Vn Satyre à l'efcart leur monftre la practique
De joüer quelques airs fur fa flûte ruftique ;
Tandis que la brigade emporte fur ces bras
Vn vieillard endormy de qui le ventre gras,
Fait voir facilement par fa groffe Bedeine
Et fon nés de rubis que c'eft le bon Silene.
A l'ombre qui paroift fous deux Ormeaux voifins
Des Satyrots vautrés dans du mouft de raifins,
Ne fe pouuant dreffer que le pied ne leur faille
Rouflent dans vn cuueau tous foüillés de grapaille.
　　Mais qu'elle maiefté paroift en ces Cefars,
Leur front fous les Lauriers menaffe les hazards :
Ces genereux Heros fans crainte du tonnerre

Des Triő-
phes.

Apres auoir conquis les deux bouts de la terre,
Paroiffent fur vn Char traifné par dix cheuaux
La victoire qui fuit couronne leurs trauaux.
Mille & mille guerriers portent les riches marques
Qu'ils ont mis fous leurs Loix les plus puiffants Monarques
Les vns de Sceptre d'or dans les baffins d'argent
Leurs bras victorieux & leurs mains vont chargeant :
Les autres fecondans ces richeffes extrémes
Sur vn Char figuré, portent leurs Diademes :
Ces Illuftres captifs, quoy qu'ils foient enchaifnés,
Tiennent fous leurs grands cœurs leurs fers emprifonnés :
Et leur front fouuerain fait voir par fa conftance
Qu'ils ne font pas venus d'vn obfcure naiffance.

I

ils voyent sans branſler les iniures du fort,
Traiſtant égallement, & la vie & la mort,
Si rien les peut toucher, c'eſt de voir que leur gloire
Rend glorieux Ceſar dans ſon Char de viſtoire.
Deux cens Clairons d'airain de leurs airs triomphans
Eſueillent le courroux de cinquante Eléphants,
Qui portent ſur leur dos les Villes plus ſuperbes
Que le fer des Romains ait mis deſſous les herbes.
Icy mille drapeaux nous font connoiſtre aſſez
Qu'ils ont eſté conquis ſur leurs Chefs terraſſez,
Et ceux de qui l'eſtoffe en paroiſt plus biffée
Augmentent la valeur de leur riche trophée.
Là diuers Chariots ſuiuant le meſme cours
Pompeuſement parés de tapis de velours :
Portent ſur ces tapis, ornés de broderies,
Des grands Caſques d'argent, ſemés de pierreries :
Des Rondaches de cuiure, eſmaillés ſur les bords :
Et des glaiues conquis ſur les Guerriers plus forts :
Des vaſes de Cryſtal ouurés auecque peine :
Du Baulme renfermé dans de la Porcellaine :
Des Baſſins cizellés, des Picques & des Dards
Peſle-meſle entaſſez parmy les Eſtendards.
    De plus ce grand ouurier par ces rares praſtiques
N'euſt iamais ſon pareil, quand à l'air des Antiques ?
Il lés ſuit de ſi prés que ie dis & maintiens
Qu'il ne cede à pas vn des Peintres Corinthiens ;
(Car encore que le temps ait détruit leur peinture
Nous iugeons des Tableaux par leur rare Sculpture.)
Et ie ne feindray pas de dire à haute voix
Que tous les peintres Grecs ſçeurent moins qu'vn François,

Des Drape-
ries.

D

Ouy ie croy fermement qu'il ſcait tout ce qu'ils ſçeurent,
Et qu'eſtant ce qu'il eſt, il eſt tout ce qu'ils furent,

Des Nudités   Lors qu'il fait des Venus nos ſens ſont interdits :
Par le raport des yeux il charme nos eſprits,
Vne vertu ſecrette incontinent enflame
Le ſang plus eſpuré qui ſert de loge à l'ame.
Que ſi ſes nudités cauſent l'émotion,
Il nous porte d'ailleurs à la deuotion,
Et le meſme lien qu'il employe au martyre,
Nous eſloignant du monde, au firmament nous tire.

S'il repreſente vn Chriſt enuironné de Iuifs
Son viſage affligé rend les noſtres plaintifs,
Les ſecrets mouuemens d'vne telle peinture

Des Ta-
bleaux de   Portent dans noſtre ſein vne ſainéte poincture :
Deuotion.   Et le cœur le plus dur, voyant ſon corps ſi blanc
Rougir ſes Lys diuins au pourpre de ſon ſang,
Ne ſçauroit eſuiter de reſpandre des larmes,
Tournant contre Satan la pointe de ſes armes.
S'il le peint eſleué ſur l'arbre de la Croix
Il ſemble qu'on entend cette mourante voix,
Qui prioit l'Eternel pour l'aueugle Cohorte,
Dont l'extréme rigueur le traittoit de là ſorte,
Que ſi tu ne l'entends, ſçache que ſon tourment
Le force de parler vn peu trop baſſement :
Et ſi le reſte eſt ferme & ſemble vne peinture ;
C'eſt, que pour eſcouter l'Autheur de la nature,
Il n'oſeroit branſler, les meſmes ſentimens
Tiennent encor les morts dedans leurs monumens
Si noſtre œil penetroit le lointain qu'il contemple
Il verroit deſchirer le voile dans le Temple.

Le bel Astre du iour ses feux esclipseroit,
Mais il sçait qu'aussi-tost l'œuure s'effaceroit;
Et pour cette raison sa course suspenduë
Fait que d'vn œil malade il colore la nuë.
En vn mot les rochers brisés en mille esclats
Deçà, delà poussés ne seroient plus si plats ;
Si le prudent Poussin preuoyant le dommage
Ne leur eust deffendu d'esgratigner l'ouurage.

  Si ce qu'il nous dépeint touchant la passion
Donne aux cœurs moins deuots de la compassion,
Les mysteres joyeux que sa main nous presente
Sont faits d'vne maniere agreable & sçauante.
I'ay veu chez vn Prelat qui cherit son pinceau
Vne Vierge & son Fils sur le bord d'vn ruisseau,
Qui paroit à nos yeux arrouser son ouurage:
Vn batelier conduit sa nacelle au riuage,
Où la Mere pucelle, auec son chaste Espoux,
Contemplent en IESVS ce qu'il a de plus doux ;
Car bien que tout le soit, la douceur de sa face
Des traicts plus adoucis toute douceur esface :
Sa belle bouche semble estre preste à parler
Pour cherir vne Croix qu'il apperçoit par l'air,
Que des enfants aislés de l'empirée apportent,
Et de leurs tendres bras en voltigeant suportent ,
Nos yeux verroient ses yeux tourner de toutes parts
Si ce mystique obiect n'arrestoit ses regards ;
Il éleue les mains & monstre par son geste
Que son cœur reconnoist la machine celeste.
La face de la Vierge inuite le Chrestien
D'admirer de son Corps le pudique maintien ;

Des Myste
res joyeux

                    D 2

Puis que ce rare ouurier l'a mise auec aisance,
Sans que rien soit forcé, dedans la bien-seance.
Le manteau qu'elle porte a aroit de nous charmer;
Non parce qu'il paroist coloré ℈ d'Outremer,
Mais d'autant que les plis sont faits auec addresse,
Et font voir tout à coup, la force & la tendresse.
Certes c'est vn chef-d'œuure, & ce chef-dœuure est tel
Qu'il merite à bon droit qu'on l'ait mis sur l'Autel;
Il n'est point de Tableau, qui d'abord ne luy cede
Et les beautés de cent luy tout seul les possede.

   Le F. A vous oüyr parler ie me trouue surpris?
Ce discours mon cher Pere a rauy mes esprits,
Sans doute que Poussin fait l'honneur de nostre âge;
Puis qu'auec tant d'ardeur vous tenez ce langage.
I'ay veu de ses Tableaux, & voudrois bien sçauoir
Si pour la ℈ Draperie il fait tout sans rien voir;
Ou si le ℈ Manequin propre à tant de postures
Luy sert de prototype à ℈ Drapper ses figures,

   Le P. Le Manequin est lourd pour bien representer
Celuy qui de courroux se laisse transporter;
Puis que les mouuemens qu'excite la colere
Sont forts & violents, tels que dans la galere,
On voit ceux des forçats, ou comme sur les eaux
Sont ceux des matelots qui seruent les vaisseaux;
Sur tout, lors que le vent esmeut l'onde & s'appreste
Pour les abandonner au fort de la tempeste.
Il est encor trop lent & ne sçauroit seruir,
A peindre le Romain, qui s'efforce à rauir
De son terroir natal la charmante Sabine,
Pour peupler de Cesars la campagne Latine.

16.
Le Mane-
quin inutil-
le à draper
les figures
qui sont dãs
des postures
agitées.

Il est mal propre encor pour faire des Luitteurs ,
Et les gestes hardis des forts Gladiateurs :
De mesme que la fuitte ou la legere course
D'Apollon quand il suit sa bergere rebourse ,
Hippomene, Atalente, & tous ceux qui de peur
Courrent leurs corps fuyards d'vne froide vapeur.

    Le F. Mon pere ie sçay bien qu'hors de la draperie
L'employ du Manequin n'est qu'vne resuerie ,
Mais pour..... Le P. Quoy pour, mon fils, si tu crois mon aduis
Tu l'abandonneras , mesme pour les habits,
I'entends quant aux suiects où nostre ame s'élance ,
Et transporte nos corps aueeque violence ,
Comme sont tous ceux-là que i'ay déja nommez ;
Puis que c'est ie conseil des Peintres renommez :
Car bien qu'vn Manequin , sur les jointures roule
A la faueur des Vis qui serrent chaque boule :
Si voyons nous pourtant malgré tous leurs efforts
Que les gestes qu'il fait sont languissants & morts.
On a beau le parer d'vne fausse perruque ,
Il ne sçauroit courber du dos iusqu'à la nucque ,
Le coude, & les genoux plient trop quelque fois ,
En vn mot cher enfant c'est vn homme de bois.
Et puis qu'vn bon ouurier le grand secret attrape ,
Et les ruses de l'art, quand sa figure il drape ,
S'il marque par les plis la rare nudité ,
Esuitant du faux iour la fiere & Crudité ;
N'est-on pas dans l'abus, alors qu'on se figure
De bien marquer le Nû , apres telle figure.
Le geste d'vn Heros par elle a du faquin.

    Le F. Vous vous seruez pourtant de vostre Manequin.

Le P. *Il eſt vray ie m'en ſers mais c'eſt auec adreſſe,*
Et lors que le trauail du villageois me preſſe,
Pour t'eleuer, mon fils & tes freres auſſi,
Les Tableaux mal payés augmentent mon ſoucy.

Le F. *Ie n'en feray iamais qu'à force de piſtoles.*

Le P. *Le temps fera meurir ton ſens & tes paroles :*
Le feu de la ieuneſſe auſſi bien comme toy
Pendant mes ieunes ans a gouuerné chez moy,
Souuerain, abſolu, commendant à baguette,
Et contre la raiſon faiſant agir ma teſte :
Lors tout m'eſtoit aiſé Michel & Raphaël
Eſtoient de petits feux dont i'eſtois le Soleil ;
La bonne opinion que i'auois de moy-meſme
Et mon peu de ſçauoir ſe portoient à l'extréme,
Par la meſme raiſon bouffi de vanité
Ie ne peignois iamais que pour l'Eternité,
Et par des fondemens inſolents & friuoles
Ie voulois comme toy grand nombre de piſtoles.
Mais apres que i'eus beu du grand Tibre Romain
Qui purgea mon eſprit & r'aſſeura ma main :
Ie connus mon erreur, & quand ie fus en France
L'ouurage du paſſé marqua mon ignorance.
Tu rougis tout eſmeu ? n'eſt-ce pas que ce mot
Quoy qu'il s'adreſſe à moy te fait paſſer pour ſot ?
Tu ne te trompes point ; puis que ta ſuffiſance
N'eſt que le pur effect que produit l'ignorance :
Tes erreurs toutesfois me ſont douces mon fils
Voyant reuiure en toy ce qu'autrefois ie fis.
Laiſſons faire le Temps ; puis que c'eſt le vray maiſtre
Qui nous aprend à viure & nous fait reconnoiſtre :

Ce parfait Medecin qui porte auec sa Faux
Non à faux, mais au vray l'antidote à tous maux ;
Ce Ieune Descrepit dont la nature est telle
Qu'au moment qu'il vieillit à mesme il renouuelle.
Pour reprendre le fil de mon premier discours
Ie te dis que le drap doit suiure les contours :
Hormis qu'il fut si gros que par sa lourde masse
Le ply sans quelque effort ne bougeat de sa place ;
Car selon que le geste est foible ou violent
Et que le drap est gros, le ply vient prompt ou lent
Il faut rendre l'effet conforme à la matiere,
Et le faire grossier si l'estoffe est grossiere.
Outre qu'il faut alors que le tout panche en bas :
S'il n'est haussé, du moins, par la force des bras,
Ou de quelqu'autre corps qui l'enleue & l'entraisne
Et malgré son penchant en le forçant l'emmeine.
L'exemple est fort commun, si nos déportemens
Ne veulent renuerser l'ordre des Elemens :
Le feu cherche le haut, la pluye tombe à terre,
La gresle encore plus, par le froid qui la serre ;
L'air, comme plus leger que la terre, ny l'eau,
Enuironne & suspend cest immense fardeau :
Le feu, comme i'ay dit, prenant la haute route,
Se rend encor plus pres de la Celeste voute.
Or tout ce que nature en ce vaste Vniuers
Produit & fait germer sous mille aspects diuers,
Contient ces quatre fils de la mesme nature,
Dont l'accord different enrichit la Peinture ;
De la vient que tous corps solides, lourds, serrez
Cherchent tousiours le bas s'ils en son separez.

47
Precepte
sur le mou-
uement.

Ceux qui font moins de terre en qui l'air fur-abonde
Font voir leur corps porreux fur la face de l'Onde :
Et ceux où le feu brille ainfi qu'vn prompt efclair
S'élancent dans l'inftant par les roûtes de l'air.
Le Peintre intelligent qui comprend ce myftere
Ne fera iamais rien qui ne fe puiffe faire :
Comprens, pefe ces mots, & ne t'abufe pas,
Ie t'ouure le chemin, marche donc fur mes pas,
Souuiens toy de ces mots, qui ne fe puiffe faire,
Puis que c'eft le feul point ou confifte l'affaire.
Mille & mille Tableaux d'exceffiue valeur
Ont pour tout fondement, l'efclat de la couleur :
Qui n'eft qu'vn accident qui peut, ou ne peut eftre

28.
La feule
couleur ne
fufit pas
pour expri-
mer les paf-
fious.

En vn mefme fuiet fans qu'il change fon eftre ;
Vn exemple groffier te feruira pour tous,
Ie change de couleur quand ie fuis en courroux ;
Maintenant ie paflis, apres ie deuiens rouge ;
Mais pas vn de mes os de fa grandeur ne bouge,
Et quelques Coloris qu'apporte le defpit
Ie n'en deuiens pourtant, plus grand, ny plus petit.
Faffe ce que voudra le colere & la rage
Celuy qui m'aura veu connoiftra mon vifage :
Et quoy (me dira tu) n'eft-ce pas la pafleur ?
Qui diftingue les morts des vifs par fa couleur ?
N'eft-ce pas ce beau feu qui teignant vne face
D'vn malade d'abord tous nos foubçons efface.
Non la feule couleur ne diftinguera pas
D'vn homme déjà mort celuy qui ne l'eft pas :
Puis qu'on voit des corps morts dont la couleur vermeille,
Fait dire aux affiftans, il femble qu'il fommeille ;

Fai

Donc la seule couleur d'vn homme déià mort
Ne le peut distinguer de cét autre qui dort :
Voit-on pas des viuants dont le visage blesme?
Se presente à nos yeux plus mort que la mort mesme ;
Comme lors qu'vne fille a les pâsles couleurs
Ou lors que son teint cede à l'effort des douleurs.
C'est par le mouuement que nous pouuons connoistre
Le Roy dans son Palais, le moine dans son Cloistre,
Par le geste l'on voit le Soldat genereux
Se rendre different du bon Bourgeois peureux :
Tout despend du dessein dont la douce manie
Du Peintre intelligent le rare esprit manie,
D'autant qu'il connoist bien sa grace & ses appas
Qui prend pour fondement la regle & le compas,
Les nombres, les raisons, d'où prouient l'Eurithmie
De la sombre laideur la plus grande ennemie ;
C'est elle qui paroist comme vn diuin flambeau
Et répend ses clartez sur le front d'vn tableau ;
C'est elle qui fait voir mesme au milieu des armes
Au throsne de la mort, les attraits & les charmes?
C'est par elle qu'vn monstre affreux, horrible & laid
Soûs vn cuir escaillé nous estonne & nous plait ;
Rendant par ses accords son harmonie telle
Que l'horreur s'appriuoise, & la laideur vient belle,
Son pouuoir se découure encore mieux aux corps nuds
Et fait voir son esclat en celuy de Venus :
S'il nous la faut vestir, le Manequin est rude,
Il y faut plus de grace & beaucoup plus d'estude ;
L'esprit du sçauant Peintre icy doit s'éueiller
Et s'aider des escrits pour la bien habiller.

19.
Que l'acti-
tude est la
principale
piece.

E

Choisissant des Latins le Prince des Poëtes.

Le F. *Tous ne l'entendent pas* Le P. *il a des Interpretes,*

Et sur tous ..... qui pour nostre François

A le mieux expliqué les charmes de sa voix;

20
Qu'il faut
auoir re-
cours à la
description
des bons Au-
theurs pour
bien habil-
ler les figu-
res.

La coiffant, comme il dit, la chaussant comme il chante,

En couurant galament d'vne escharpe volante,

Vn des bras, vn'Espaule, & que les Lys viuans

De sa chair soient couuerts de voiles transparants :

Que la toile de soye adroictement soit mise,

Sur son corps par l'Amour pour seruir de chemise

Qui doit couurir ses flancs & ses cuisses encor

Faisant tenir l'Escharpe à quelqu'agraffe d'or ;

Ne faisant aucuns plis sans sçauoir comme ils viennent,

De quelle estoffe ils sont, & bien moins comme ils tiennent.

Le F. *Dois-ie mouiller le linge à bien marquer le Nû.*

Le P. *Fort bien.*　　Le F. *Et le papier.*

Le P. *Non, car il fait trop J Crû,*

Ses plis sont mal-suiuis, fiers, rudes, Angulaires

Et les surfaces sont aspres, triangulaires ;

21
Modelles
habillés de
papier sont
à reietter.

Outre que la clarté perçant ce foible corps

Fait des ombrages doux & tout ioignant des forts ;

De façon que nostre œil par cét effet contraire.

Méprise la copie autant que l'exemplaire.

Ces petits Marmousets de bois & de papier

Par leur oppacité sont crus comme l'assier,

Et leurs habits flottants que la clarté penetre

Sont comme des chassis mis sur vne fenestre.

Le F. *Puis que la verité d'vn pur & clair Flambeau*

Nous sert d'ourse à voguer sur les flots d'vn Tableau :

Et que tout au rebours le mensonge nous trompe,

Nous traiſnant vers Caribde auec ſa fauſſe pompe
Le papier peut ſeruir ; l'exemple eſt apparent ,
Puis que le plus fin linge eſt auſſi tranſparant :
Qu'on voit des taffetas , des creſpes & des toiles
Qui font paſſage aux rais des plus foibles eſtoiles :
Ainſi ce corps mouuant que Zephir fait changer
Pourra du moins ſeruir pour vn manteau leger.

Le P. Il ſe peut rarement & par longs interuales;
A cauſe qu'il produit des ombres inégales
Des plus rudes , aigus , ingrats & mal-faiſans
Qui veulent grand eſtude à les rendre plaiſans.

Le F. Adieu donc à ce coup drapperie branſlante
D'vn pur blanc tranſparant touſiours eſtincelante ,
Adieu lourd attirail , & de fer & de bois,
Manequin importun qui m'as laſſé les doigts
Lors que le triſte Hyuer de ſa moite froidure
Enfloit trop chaque boulle en ſa iuſte enboiture
Et qui ſouuent trop laſche au milieu des eſtés
Contre l'ordre preſcrit tournois de tous coſtés.
Il faut que ie te donne, ou bien il te faut vendre;
Puis que ton corps n'eſt bon qu'à faire de la cendre,
Et de la cendre apres la leſſiue on faira
Qui de tant de deffauts la taſche lauera?

Le P. C'eſt trop, le feu t'emporte ? à ce coup là colere
Contre cet innocent paroit rude & ſeuere?
Que t'a fait ce beau meuble aimable ſouple & doux
Pour auoir à tel point alumé ton courroux,
Qu'il faille que ta voix la ſentence proclame
Qu'il doit eſtre reduit en cendre par la flame
Déja l'éclair qui part de ton œil courouſſé

92
Contre le
Manequin.

Allume le bucher ſans eſtre repouſſé :

Déja le feu s'eſt pris, il bruſle il le conſume,

Nous n'en voyons plus rien, que la cendre qui fume ;

Et quelques Vis de fer, que ce braſier affreux

A peintes chaudement de la couleur des feux ?

Pitoyables fragmens d'vne rare ſtructure

Qui pouſſiez mille traicts contre la ſepulture ?

A quoy rendre immortel ce mal-faiſant pinceau

Qui pour remerciment vous met dans le tombeau !

23
Deſſence
contre le
Manequin

Ingrat ie ne vois plus qu'vne vapeur trop ſombre

Qui veut cacher ton crime au plus noir de ſon ombre ?

De deux pieds, de deux mains, d'vne teſte & d'vn corps,

De tous les mouuemens de ces rares reſſorts,

Il n'en reſte cruel, qu'vn peu de poudre tiede

Et le pis d'vn tel mal, c'eſt qu'il eſt ſans remede.

Il ne paroiſt plus rien, le haut eſt au plus bas

Les mains ſont dans la cuiſſe, & les pieds dans les bras ;

Les bras ſont dans le corps, & le corps dans la teſte

Le col eſt ſous la plante, & la plante eſt au feſte ;

Le feu meſme rougit de cette cruauté

Ce n'eſt plus qu'à regret qu'il a de la clarté,

Et ne pouuant ailleurs ſauuer ſa renommée

Il cherche à s'étouffer en ſa propre fumée.

Et en vain (dit la cendre) ô deſtins autre-fois !

Ie ſeruis d'ornement au plus ancien des bois :

En vain par mille endroits mon ame vegetante

Porta iuſques au Ciel ma perruque flotante :

Et de ſes verds Rameaux ſombres & tenebreux

Oppoſa la fraiſcheur au plus noble des feux ;

En vain mes bras feuilleux loing de la vaſte terre

Ont esté conseruez par l'Autheur du Tonnerre,
Pour seruir de retraicte à ces peuples legers
Qui couchent sur la plume & viuent par les Airs.
En vain de mes Rameaux la hauteur non commune
Aura cent fois baisé le globe de la Lune :
Et de cette Deesse en suitte de mes vœux
Reçeu le beau present d'estre sauué des feux ;
Puis que ie suis détruit & qu'vn peu de poussiere
Est tout ce que l'on voit de ma forme premiere,
Que m'a seruy Destins au plus beau de mes ans?
De brauer les offorts de l'orage & des vens,
Et de voir qu'à la fin de leur rude tempeste
Ils n'auoient que peigné les cheueux de ma teste ;
Lors mes Rameaux espais, loin du monde & du bruit
Conseruoient le repos, le silence & la nuict.
Au plus fort de l'esté la terre estoit couuerte
Des ombres qui naissoient de ma couronne verte
Que mes enormes bras suspendoient tout autour
De mon tronc qui ne vit d'vn Siecle l'œil du iour.
Les Peuples estrangers, & ceux du voisinage
Quittans leurs Regions me venoient rendre hommage,
Les Druides sçauans n'entroient dedans ces bois
Que pour ouyr les mots de ma confuse voix :
Et pour plus de respect au front des Tabernacles
Sur des lames de cuiure ils traçoient mes oracles ;
Le Tiltre de Titan bien-faisant aux mortels
Fit que l'on m'erigea des superbes Autels,
A la suitte des temps mon ame fut rauie
Par l'assier ; & l'assier me redonna la vie :
Celuy d'vn Bucheron fut cause de ma mort

Et celuy du Sculpteur changea mon mauuais sort:
En entrant au trespas ie commençay de naistre
Par la sçauante main de ce celebre maistre,
Qui par son artifice admirable & nouueau
M'introduisant la forme esloigna mon tombeau:
Depuis par les ressorts des iointures mouuantes
I'ay serui d'exemplaire à des mains plus sçauantes,
Qui pour tant de bien-faits & tant d'instruction
N'ont cherché pour loyer que ma destruction.
Vn semblable discours occuperoit mon ame
Si ce beau meuble estoit deuoré par la flame,
De pareils sentimens mon esprit combattu
Sous des seueres mots te rendroit abbattu.

    Le F. Vous l'auez cy deuant peint tout d'vn autre stile
Et bien loin d'estre propre il sembloit inutile.
Ie le considerois d'vn œil plein de courroux,
Mais mon crime en ce sens merite d'estre absous.
Ie voudrois neantmoins s'il est peu seruiable
En faire de l'argent le rendant profitable.

    Le P. Ie t'ay dit qu'il est lourd pour bien representer
Celuy que le courroux dispose à s'emporter.
Mais non qu'il fut pourtant tout à fait inutile,
Puisque les mouuemens d'vn naturel docile,
Ne sont pas moins diuers à ceux d'vn querelleux
Que les poissons le font, des animaux velus.
Tous les mortels n'ont pas des passions hautaines
Du Cerf le sang timide aux vns remplit les veines,
Aux autres les humeurs du Lyon genereux
Font enfler les esprits de desseins vigoureux.
Ceux qui dans vn grand corps portent le cœur d'vn lieure.

Au ſeul bruit du ſelpetre ont des accez de fieure :
L'eſpée hors du fourreau par l'eſclat de l'aſſier
Rend leur timide front auſſi blanc qu'vn papier ,
Leur ſang froid , & peſant , combatu par la crainte
En ſa couleur de feu n'a qu'vne flame eſteinte ;

25
Selon la di-
uerſité des
perſonnes.

Vne moite vapeur qu'il exale au dehors
Fait des ruiſſeaux de glace au deſſus de leur corps ,
La nuict tout les allarme & le plus doux Zephire
Murmurant baſſement , eſt vn mort qui ſouſpire.
D'autres plus retirez que des ſombres Hiboux
Se plaiſent à l'eſcart & dans l'horreur des trous ,
Où regne la triſteſſe où les ombres confuſes
N'expoſent à leurs yeux que d'images affreuſes :
Le beau monde les choque & les plus doux concerts
N'ont rien qui leur reuienne à l'eſgal des deſerts :
Leur odorat ſe trouble à la douceur des roſes
Et leur dégouſt eſt tel pour les plus belles choſes.
Ainſi le Manequin cét homme fait de bois
Pourra du moins ſeruir pour faire vn ſainct François ;
D'ont l'acte moderé , deuot , melancolique
Doit eſtre d'vn vray ſage & non d'vn frenetique.

26.
Pour les ha-
bits des moi-
nes.

Il nous offrira encor ſon ſoing officieux
Pour faire les habits d'autres Religieux.
Le Lieutenant de Chriſt auguſtement modeſte
Sous la pompeuſe Pourpre il rendra manifeſte.
Par luy tous les habits des illuſtres Prelats
Peuuent paroiſtre au iour auec tous leurs eſclats ,
Ces eſprits bien-faiſans , hardis , actifs , aimables ,
Ne doiuent occuper que des geſtes ſortables ;
Puis que ceux du colere & ceux des arrogants

Sous des Mytres d'argent seroient extrauagants.
On ne doit iamais peindre vne action bisarre

27
Des Prelats
& des au-
tres person-
nes serieu-
ses.

Sous l'hermine Royale & moins sous la Tyarre,
Sans cette bien-seance vn excez de chaleur
Sous le bandeau Royal feroient vn basteleur ;
Le beau feu qui paroist a la viue Escarlate
Ternira tout son lustre, elle deuiendra plate
Si celuy qui la porte abandonne son corps
A la noire Couleur & ses boüillants efforts.
O le peu de raison de faire vn vieil Prophete
Ornant de blancs cheueux sa venerable teste,
En vn acte insolent, fripon, leger, fumeux
Agitant son maintien par vn geste orageux :
Sa teste nous aleche & son corps nous menasse ;
Le bas semble attaquer le haut en sa bonasse.
C'est en ce sens, mon fils, que nostre Manequin
Au lieu d'vn President feroit vn Harlequin ?
Et sur des beaux tapis d'Asur semé de France
Vn Auguste Senat, loin d'vne conference,
D'hommes Sages, Prudens, Equitables, hardis
Par leur geste peindroit vn ballet d'estourdis.
Sçache que ces Heros vrais Hercules du vice
Qui par leur équité font fleurir la Iustice ?
Qui maintiennent les Loix dont le puissant ressort
Balance prudemment, & la vie & la mort,
Qui d'vn œil preuoyant par leur vertu secrete
Sauuent la Republique au fort de la tempeste :
Ne paroissent iamais, tant dans le Parlement
Que chez eux retirez en leur Appartement,
Dans vn Acte leger, fripon, mutin, volage,

Qui sentiroit son fol, & non son homme sage.
Prens donc garde mon fils à ce que ie te dis,
Et fuy, si tu les peins, les gestes estourdis.
Voy comme la posture affable & temperée
Accompagne vn Prelat sous sa chappe dorée.
Il marche grauement, & son corps haut & droit
Ne peut ǵ s'actionner quant mesme il le voudroit,
L'estoffe du Brocat roide de broderie
Ioint à sa fermeté l'or & la pierrerie.
Tout est graue & modeste & quoy qu'il soit assis
Cette estoffe ne fait que trois ou quatre plis,
Mesme dans son hostel parmy ses domestiques
Aux champs, dans le Senat, ez affaires publiques,
Tout est dans la iustesse & rien de mal seant,
Ne l'accompagne, droit, cheminant, ou seant.
La mesme Politesse en sa suite s'obserue,
Rien de mol n'y paroist, d'éteurdy ny superbe:
L'arrogance est bannie & la brutalité
Ne triomphe iamais de sa ciuilité.
Les pages, les lacquais mesmes y sont affables
Quoy que par tout ailleurs ce soient de meschans diables.
Tu vois doncques mon fils presque aussi bien que moy
Quel doit estre le geste & du Pape & du Roy.
Leur maintien graue & doux doit par nostre artifice
Paroistre magnanime & non plein de caprice.
La plus part du beau monde a dans ses fonctions
De la grace en son geste & dans ses actions.
Remarque la Noblesse, obserue son allure,
Et par le naturel corrige la peinture.
Voy marcher vne Dame, obserue bien son port

F

Et tu n'y verras point vn volage transport,
Ainsi cette machine vtile & seruiable,
Rend l'argent dans le coffre encor moins profitable.
Croy moy le Manequin ; quoy qu'il soit peu dispos,
Et que toute sa chair soit dure comme vn os ;
Nous rend vn bon office à peindre les estoffes,
Des Moines, des Prelats, des Roys, des Philosophes,
Et sur tout le Brocat, qui comme ie t'ay dit,
Vn damas assez fort d'or & d'argent roidit.

　Le F. Ie voy clair maintenant & comprends le mystere.

　Le P. Modere donc ton feu : ne sois pas si seuere,
Contre cét innocent qui ne se bouge pas,
Et qui souffre sur soy toute sorte de draps.
Lors qu'il est mis en acte il faut que tout remuë,
Autrement sa posture est tousiours maintenuë.
Apres vn homme vif on ne peut rien finir
Il bransle à tout moment & ne peut pas tenir.

　Le F. Ie l'aduouë il est graue & fait bien l'estoïque,
Mais comme proceder pour imiter l'antique,
Qui fait sous les habits paroistre le corps nû ;
Certes c'est vn secret qui ne m'est point connu,

　Le P. En effet ce secret ne se doit pas escrire,
Il fait nòstre Cabale & suffit de le dire,
De bouche à son amy comme autrefois ie fis,
Et le pere le doit conseruer pour son fils,
Mesme le luy cacher s'il voit que la ieunesse
Le laisse encor agir auec trop de foiblesse.
Par luy tu connoistras ce qui t'est inconnu
Et comme sous le Linge il faut marquer le nû,
Par luy ie t'aprendray d'vne ruse sçauante

A peindre apres nature vn'escharpe volante.
C'est assez pour vn coup ; car cét homme de bois
Pourroit sans prendre peine affoiblir trop ma voix.
Le Tableau du Poussin ou bien sa draperie
Auoit ouuert ma vaine auec trop de furie ;
Et quoy que les effets d'vn tel raisonnement
Ayent la mesme fin que ceux du mouuement,
Il nous faut pourtant suiure vne plus noble flame,
Et sonder vn peu mieux les passions de l'ame.
Pour faire vn prompt chemin sur cette vaste mer
Ce n'est pas tout, mon fils, que de pouuoir ramer,
Il faut sçauoir l'effet des cordes & des voiles
Auoir vn bon vaisseau, connoistre les estoiles.
Le selpetre & le bronze aiustez aux Sabords
Doiuent des ennemis empescher les abords,
Et pour mieux nauiger se retirer des fautes
Où sont mesme tombez des fameux Argonautes.
   Le F. Quel sera ce nauire, & quels les matelots
Qui pourront surmonter l'Ocean & ses flots.
   Le P. Lomasse est le Pilote & son diuin ouurage,
La nauire qui va sans crainte de l'orage.
Sous vn tel conducteur nous sommes asseurez
Que nous surmonterons les seillons azurez.
Là tu verras pourquoy l'homme est prompt & colere
Que les riches d'honneur ont eu l'Astre solaire,
Ceux qui viennent des Roys sortis des plus bas lieux
Doiuent leur Diademe au plus puissant des Dieux.
Que les grands voyageurs propres à toutes choses
Par le meurtrier Argus font cent metamorphoses.
Que ceux de qui les yeux exercent des larcins

28
Que les 4.
qualités
Elementai-
res predo-
minent aux
corps.

Et qui font dans nos cœurs d'aimables assassins,
Employant leurs attraicts, leurs beautés & leurs flames
Pour posseder nos corps & captiuer nos ames,
Lyans nos libertez par d'inuisibles nœuds
Ont tiré tant d'apas de la belle Venus.
Que ceux de qui l'humeur est sombre & taciturne
Sont nez sous l'ascendant du refroigné Saturne :
Et que finalement le Globe qui reluit :
Et semble vn clair Soleil au milieu de la nuit,
Rend les gestes benins, simples, doux, pueriles,
Oublieux, curieux, craintifs, mols, & debiles.
L'homme qui naist sous elle a les yeux presque noirs :
Et pour réuer tout seul cherche des promenoirs.
Sa stature est fort haute & pour sa chair poupine
Mesle à beaucoup de blanc vn peu de Lacquesine.
Et pour te détacher des jeunes apprentis
Fais ses muscles flouets & non trop Ressentis :
C'est en ce beau traité sans autre Academie
Que l'on se rend sçauant en Phisionomie,
Les coloris des chairs, les inégalités
Qui des quatre Elemens tirent leurs qualités.
Car selon que le feu predomine la terre
L'homme est fort, courageux, grand amy de la guerre :
Lors que le feu, la terre, & l'onde cede à l'air,
Il est tres inconstant & se plait à voler.
Si la terre, la flâme & l'air font place à l'onde,
Il est doux, charitable, obigeant tout le monde.
En vn mot si la terre est plus forte que tous,
Il est sombre, pesant, palissant de courroux.
Or selon leur meslange ils varient la mine,

La couleur approchant l'Element qui domine,
Si bien que nous voyons, par la diuersité,
La nature augmenter du monde la beauté.
Là pour vn bel exemple à la Melancolie
Il represente Adam tombé dans la folie,
De chocquer l'Eternel en son commandement,
Il le descrit pensif, resuant profondement :
Et pour que sa tristesse en soit beaucoup plus forte
La cause de son mal, dans son mal-heur l'escorte,
Tous deux les yeux baissez dans le creux d'vn rocher
Sont couuerts de Rameaux, esperans se cacher,
A cét œil penetrant à qui rien ne se cache
Qui voit, qui connoist tout & n'est rien qu'il ne sçache.
Adam tient sous son Chef la paulme de sa main,
Eue de deux ruisseaux arrouse son beau sein,
Et leur visage passe à bon droit fait connoistre
Qu'ils ont choqué cét Estre à qui tout doit son Estre.
Pour nous representer auec fidellité
Les gestes expressifs de la timidité,
Le Apostres sans cœur doiuent entrer en lice
Alors que leur bon Maistre est conduit au supplice
Quoy, Pierre vous fuyez, deuriez vous estre las ?
Pour auoir fait vn coup de vostre coutelas,
Faut-il qu'au seul discours d'vne simple chambriere?
Vostre cœur lachement recule & tourne arriere ?
On a beau luy parler il tremble & sort dehors,
Et laisse à l'abandon, le plus grand des tresors;
Il a perdu son glaiue & desormais pour armes
Il n'a que les sanglots, les souspirs, & les larmes.
Dans le mesme Chapitre il nous peint le courroux

29
Pour Pein-
dre la Me-
lancholie.

30
La Timidi-
té.

Qui se trouue aisément aux hommes de poil roux,

Le courrou. Cét Image de feu dont leur teste est couuerte

Souuent par trop d'ardeur precipite leur perte.

La Colere obstinée augmente encor son mal

Rendant son sein de roche, & son esprit brutal :

C'est elle qui produit facilement la rage

La colere & Qui sans aucun respect meurtrit, massacre, outrage ;

la cruauté. Pour elle les cordeaux, le poignard, le poison,

Et le feu deuorant sont toûjours de saison,

Rien ne peut resister si sa force est esgale

ce que luy promet sa passion brutale.

Les gestes alterez de cette passion

Esclatent plus aux Iuifs pendant la Passion :

Quand à grands coups de foüets, de verges & courroyes

Ils font sortir le sang par de nouuelles voyes

Du Corps de mon SAVVEVR, qui d'vn traict de ses yeux

Eust desarmé l'Enfer, & la terre & les Cieux,

Pourtant ces fiers bourreaux nulle douceur ne touche

Ils employent les bras, & la langue & la bouche

Pour deschirer ce Corps par des chaisnes de fer

Portant au Paradis les peines de l'Enfer :

Apres auoir percé de poignantes espines

Son crane, ils vont charger ses espaules diuines

D'vne pesante Croix, en qui l'autheur du Ciel

Pour breuuage il reçoit de l'Absinte & du fiel.

Icy le Peintre adroit ses figures anime,

Et contre IESVS-CHRIST ces Tygres enuenime ;

Celuy qui le frappa d'vn gantelet d'acier

Doit auoir le regard espouuantable & fier,

Son nez doit estre large & sa leure fort grosse

Son buſc court & trappu, doit porter vne boſſe.

Le F. *Monſieur permettez-moy, de dire, s'il vous plait,*
Qu'eſtant court il n'euſt peu luy bailler le ſoufflet :
Le defaut ſeroit grand quant   a la portraiture ;
Puis que IESVS eſtoit d'vne   che Stature.

Le P. *Ie ne loüe pas peu   ce reflection !*
Mais pour faire exercer cette noire action,
il faut que le Sauueur au deuant de Cayphe :
(Qui de rage emporté ſes veſtemens debiſſe)
Le viſage ſanglant ſoit peint preſqu'à genoux .
Et deſlors il ſera diſpoſé pour tels coups.

Le Duret connoiſſant que le plus grand-vſage
De cette paſſion dépendoit du viſage :
A fait celuy du Chriſt, triſte, conſtant & doux,
Pour mieux faire eſclater, la rage & le courroux
Sur ceux des cruels Iuifs, qui reſtraignant les levres
Font tendre tous leurs nerfs, & plier leurs J vertebres,
Leur face eſt alterée en ſa tranquillité,
Ses parties n'ayant aucune égalité.
Ce defaut naturel s'augmente, & ſe renforce
Par cette paſſion qui rend leur bouche torce :
Bouche qui ſert de ſource à des ſales crachats,
Leurs yeux my-jaune & verds, reſſemblent ceux des chats :
Leur front pour ornement eſt chargé de verruës,
Ils hurlent comme loups ; criant parmy les ruës,
Qu'il meure ſur la Croix & cét iniuſte accent
Ne ſe peut appaiſer qu'au ſang de l'innocent.
L'Armeure & les habits ſont auſſi ridicules,
La roüille en mille endroits leur fait mille fiſtules :
Le peu d'or qui paroiſt ſur leur caſque emplumé

Par la dent de Saturne est presque consumé.

   La Peste des humains, le fleau des belles ames,
Que source on peut nommer de tous actes infâmes :

33.
L'Auarice.

L'Auarice fatale aux grandes actions
Qui bouche le conduit des nobles fonctions,
A son venin si froid qu'il fait gesler la flamme
Qu'vn Mary doit auoir pour ses fils & sa femme,
Les enfans pour leur pere, ainsi contre l'espoux
La femme se renuerse, & fait des mauuais coups ;
Puisque tandis qu'il est en des pensées mornes
Elle se réjoüit au delà de ses bornes :
Et pour quelques escus où le Soleil reluit
Commet en plein midy le crime de la nuit.

   Les Vsuriers, gelés, rétraincts, melancoliques
Propres à mettre auiour des traicts diaboliques ;
Iniurient les Dieux si la chaude saison
Nous apporte des grains, & des vins à foyson ;
Et souuent il s'est veu que l'excez de l'enuie
De voir trop viure autruy leur a cousté la vie,
Tel fut cét inhumain, cét auare maudit,
Qui voyant trop de grains luy mesme se pendit ;
Il creusa de ses mains sa propre sepulture
Precipitant les droits qu'on paye à la Nature,
Et n'eust autre regret sur le point de perir
Que de laisser les biens qui le deuoient nourrir,
Leurs gestes sont serrez, froids, mornes, solitaires,
S'ils prestent quatre escus il leur faut six Notaires,
Au sein de l'opulence ils sont pis qu'en Enfer
Puis qu'ils cachent leur or dans des coffres de fer.
Ce Soleil de la terre est en telle posture,

Qu'

Qu'il ne peut esclairer en sa prison obscure :
Son soubçonneux Geolier le voyant radieux
Craint qu'il veüille imiter son pere dans les Cieux,
Qui sans iamais cesser fait par sa course ronde
De ses benins rayons du bien à tout le monde ;
Et comme vn Criminel noircy d'assassinats
Il l'enserre auec soin sous trente cadenats.

Pour despeindre vn Auare en sa lasche posture,
Vn viel trousseau de clefs doit pendre à sa ceinture :
Quelques papiers de l'autre, & selon mon aduis,
Il ne le faut couurir que de cheifs habits,
Repetassez, vsez, faits à la vieille mode ;
D'autant que la nouuelle vn auare incommode.
Seul la nuict à la lampe auec attention,
Il doit examiner quelqu' obligation :
Sur la difficulté des principaux articles,
Dessus son nez crochu qu'il pose ses bezicles ;
Tousiours le poing serré comme s'il auoit froid,
Ou s'il l'ouure par fois qu'on voye sous son doigt
Quelque piece d'argent, en vn mot que sa mine
Fasse voir qu'il l'admire, ou bien qu'il l'examine,
Iosué, qui sit tant, ne sit rien de pareil,
Encor qu'il suspendit trois heures le Soleil :
Ce grand Heros des Iuifs n'arresta que sa course,
Mais l'Auare à minuit en sort cent de sa bourse.
Tels gestes (mon Pader) doiuent estre exprimez.
En Cressus, en Midas d'Auarice opprimez ;
Midas qui non content du Royal Diademe
Trouua dans sa richesse vne misere extrême :
Accumulant sans fin tresor dessus tresor

34
Portaict d'-
vn Vsurier.

G

Il faillit à mourir ne pouuant viure d'or.
En Tantale inhumain, alors qu'au lieu de viandes
Il fit cuire son fils dans des sauces friandes,
Ioignant vn plus grand crime à cét acte odieux
Lors qu'il le fit seruir pour regaler les Dieux,
Pareilles laschetés doiuent paroistre encore
A l'auare meurtrier du Prince Polidore,
Qui violant tous droits de l'hospitalité
Fit vn fidelle exemple à l'infidellité,

    Voyons le paresseux froid, stupide, immobile,
Rustre, mol, feneant, pour soy mesme inhabile :

35
D'vn pares-
seux

S'il chemine tout tremble & marque par ses pas
Qu'il a du plom au pieds, ou bien qu'il est fort las.

    La bourrelle des cœurs, le fleau de cette vie

36
D'vn En-
uieux.

Qui meurt sans rendre l'ame estant tousiours En-vie,
Mord de rage sa leure & fronçant les sourcis
Fait concentrer ses nerfs & les rend racourcis.
Elle grince les dents & sa douleur extréme
Fait qu'elle se détruit & se ronge elle mesme :
Son poison est si fort qu'il fait tout à la fois
Du màl aux Innocents, aux Laboureurs, aux Roys:
Iamais le bien d'autruy ne la rendist charmée,
Iamais des gens d'honneur elle ne fut aymée,
Le bien de son voisin à ses yeux importun
De tant de bons moments n'en a pour elle aucun :
Loin de la diuertir il la tient en haleine
Et sa prosperité fait augmenter sa peine,
Maigre, défigurée & pleine de dégoust,
Tousiours l'oreille au guet afin d'entendre tout:
La pourpre l'incommode & le sceptre l'égare.

En vn mot son venin s'épend sur la Tyarre :
Les gestes de Caïn sans doute furent tels ,
Lors que du sang du iuste il soüilla les Autels ;
Il doit mordre son doigt pour denoter son crime ,
Et témoigner qu'il veut son frere pour victime ,
Ce frere sans ayeul , cét innocent agneau
Qui vit son propre sang son iuge & son bourreau :
Qui pour auoir bien fait eut la derniere peine ,
Et les sanglans effets de la premiere haine ;

Mais passons de l'envie à la Rusticité
Qui fait voir aisement son incapacité ,
Pour rendre ce qu'on doit à la vertu Ciuile,
Et ce qui se practique en vne grande Ville.
Ses actes lourds , grossiers , incommodes , pesants ,
Se trouuent d'ordinaire aux rudes païsants ,
Aux lourdaux laboureurs qui traisnent les charruës ,
Comme ces gros coquins qui nettoient les ruës.
Pour chaussure à la mode il leur faut vn sabot ,
Autrement on dira que le Peintre est vn sot.
A quoy bon , en effet, mettre dans la iustesse
Le porte faix qui n'eust iamais de politesse :
C'est manquer de bon sens de vouloir appliquer
A l'asne lourd & mol vne selle à picquer.
L'importun , impudent , sans nul respect s'emporte.
Il bat à tous momens du marteau nostre porte :
Au leuer , au coucher & pendant le repas
Cette mouche insolente est au tour de nos p̶a̶s̶
D'vn jargon ennuyeux sa langue nous entefte
Il prie sans relache & iamais ne s'arreste !
Et quoy dit-il (Monsieur) pourriez vous voir rauir

37
D'vn Rusti-
que inciuil.

38
D'vn impor-
tun.

G 2

Mon bien iniuſtement ſans me vouloir ſeruir ?
Le traiſtre qui m'enléue auiourd'huy ma fortune,
Fait à mon grand regret que ie vous importune
Monſieur ſecourez-moy pourſuiuez ce voleur,
Mais l'affaire qui preſſe a beſoin de chaleur ?
Ne vous endormez point, Monſieur ie vous coniure :
Que voſtre zele eſclatte à vanger mon iniure ;
Laiſſez ce rare exemple à la poſterité.
Les peuples loüeront voſtre ſincerité.
Déja tant de longueur fait qu'il s'eſcandaliſe
Vn des grands de la Cour meſme s'en formaliſe ?
Faites faites Monſieur, vn coup d'homme d'honneur,
Rabrouez, reiettez vn flateur ſuborneur.
Qui veut par ſon diſcours, en déguiſant le vice,
Par vn iniuſte effet peruertir la Iuſtice.
Ie ſçay de bonne part qu'il vous a mal-inſtruit,
Renuerſant mon affaire, & de bouche & d'eſcrit :
Mais i'eſpere bien-toſt vous expoſer en veuë
La fraude auec ſon maſque, & la verité nuë.
C'eſt aſſez ie pourrois d'vn prolixe entretien
Deuenir importun deſcriuant le maintien,
D'vn cauſeur ennuyeux qui ſans aucun relaſche,
Preſſe, ſuit, perſecute, & iamais ne relaſche.
    Le F. Iamais vn tel diſcours ne m'incommoderoit
Iamais cét importun ne m'inportuneroit :
Et ſi de pareils mots il dreſſoit ſa requeſte
Ie ne dirois pas qu'il me rompit la teſte ;
Que la langue à d'attraits, & que ſon mouuement
Frapant l'air dans la bouche eſt vn rare inſtrument ;
Le Luth nous fait dormir, & la langue, ô merueille!

Fait réueiller noſtre ame alors qu'elle ſommeille.

Le P C'eſt le Ruiſſeau fecond tant des biens que des maux,
Qui fait adroitement paſſer le vray pour faux :
Et puis tout au rebours d'vn eloquent menſonge
Nous vend pour veritez & la fable & le ſonge,
Laiſſons-la donc agir puis que ſes fonctions
Nous font voir, ſans couleurs, toutes les paſſions.
C'eſt le pinceau ſans poil, la ſource des volumes,
Qui s'exprime en nos cœurs ſans papier & ſans plumes :
Elle eſt foible, & ſa force a ſouuent renuerſé
Ce que mille Soldats n'auroient pas terraſſé
Miroir de la penſée, interprete des ames !
Qui ſe pare à bon droit de la couleur des flammes :
Puis que comme la flamme a des traicts bien-faiſants,
Et qui mal appliquez ſe rendent détruiſants ;
Renuerſant des Palais la ſuperbe ſtructure
Qui trouue dans ſon ſein ſa chaude ſepulture,
Cuiſant d'autre coſté ce qui nous entretient,
De meſme elle nous chaſſe ou ſoudain nous retient,
Menaſſant, Allechant, ſelon qu'elle s'anime
Alors qu'elle nous louë, ou qu'elle nous reprime.

Employons donc ſa force à faire voir comment
La force d'vn grand Cœur produit ſon mouuement :
Comme il faut exprimer les Heros de l'Egliſe,
Et du vieux Teſtament, Iacob, Noé, Moyſe.
Iamais rien de leger ne doit paroiſtre en eux,
Ils doiuent mépriſer & les fers & les feux :
Puis que des fiers Tirans les plus rudes tempeſtes
N'ont iamais esbranlé bes genereux Athletes,
Au milieu des tourments qui briſoient tous leurs os

Comme dedans leur couche ils gouſtoient le repos.
Ainſi ſur les charbons comme en vn lit de roſes
Sainct Laurens beniſſoit l'Autheur de toutes choſes,
Qui donnant à ces feux d'aimables qualitez,
Modérant leur ardeur, augmentoient leurs clartez;
Afin que ces Payens aperceuans leur crime
Connuſſent le vray Dieu, d'vne telle victime.

29
De la force
de l'Ame.

Ainſi ſous les cailloux le premier des Martyrs
Preferoit leur rencontre aux baiſers des Zephirs ;
Et malgré tous les coups des pierres les plus dures
Prioit pour les bourreaux qui faiſoient ſes bleſſures,
Ces cruels qui plus durs que les meſmes cailloux
Trouuoient en ſa douceur l'objet de leur courroux.
Ainſi le ſexe foible en ſa force inuincible
Rendit des fiers Tyrans, la rage plus ſenſible,
Inutile & fatale à ſes propres Autheurs
Beniſſant dans les fers le Seigneur des Seigneurs.
Telle fut Catherine au milieu de ces rouës
Dont les eſclats armés ietterent dans les bouës
Les bourreaux preparez pour porter ſur ſon corps,
En luy donnant la mort, l'effroy de mille morts.

   Telle parut Agate alors que les Cizailles
Coupoient les beaux témoins de ſes chaſtes entrailles :
Ces deux freres Iumeaux où iamais le pur ſang
Effrayé du peché de rouge ne vint blanc.

   De meſme Appolonie, Elle parut rauie
De paſſer par ſa mort à l'Autheur de la vie :
Ces petits inſtrumens d'iuoire, deſtinés
Pour maintenir nos corps lors que nous ſommes nés,
Luy furent arrachez, ô l'étrange aduenture.

Ceux qui la nourriſſoient firent ſa ſepulture.

Mais, de tous les tourments, le tourment le plus fort

Surpaſſant des martyrs la plus cruelle mort,

C'eſt celuy de I E S V S, c'eſt celuy de M A R I E

Quand les Iuifs déchargeans leur haine, & leur furie

Sur la Mere & le Fils attachoient à la fois

Et le cœur de la Vierge & I E S V S ſur la Croix:

Il n'eſt point de ſuiet qui ſoit plus ordinaire,

Bien que nous n'ayons rien ſi difficile à faire

Tous font des Crucifix, mais ce n'eſt pas ſouuent

Qu'on voit briller en eux l'air d'vn Pinceau ſçauant.

Mille Peintres groſſiers, ô choſe pitoyable!

Peignent Dieu comme vn gueux d'vne mine effroyable?

Luy font grincer les dents comme vn deſeſperé,

Rendant ſouuent le Chef de ſon Buſt ſeparé:

Eſtropiant ſon corps & croyant de bien faire

Le font plus démembré qu'il ne fut au Caluaire.

D'autres à l'oppoſite employent leurs couleurs,

Non à l'expreſſion des cruelles douleurs

Mais pour le bien polir font leur derniere preuue

Comme ſi ſur la Croix il ſortoit d'vn eſtuue

 Le F. Puis que le Crucifix nous inuite à mourir

Et que par ſon exemple vn Chreſtien doit ſouffrir

Ces Peintres quoy que ſots meritent la couronne;

Veu que leur vain trauail tant de peine nous donne.

 Le P. En effet tels obiets me font ſeigner le cœur,

Ie ſouffre en les voyant; mais le deſpit vainqueur

Changeant en peu de temps l'ordre d'vn tel martyre

Par vn iuſte mépris, le finit par le rire:

Outre que cét obiet qui doit ſeruir à tous:

Rendant moite noſtre œil, flechiſſant nos genoux;
Bien loin de nous toucher, nous delecte & nous flate
Abuſant le commun par ſa peinture plate;
Ainſi mal à propos loing des viues douleurs
On n'y voit que le blanc & les belles couleurs.

    Il faut donc que le Chriſt d'vne ſaincte conſtance
Faſſe voir en mourant vne belle ſouffrance,
Que meſme en expirant on voye tout ſan corps
Exempt des mouuements que font les autres morts.

40
Parties re-
quiſes pour
bien faire
vn Crucifix.

La Vierge (ce grand cœur) au milieu des eſpines
Doit paroiſtre à bon droict Reyne des Heroïnes:
Conſtante en ſa douleur, le viſage affligé
Ny trop ieune & poupin, non plus que trop âgé:
☞ GVIDE conduis nos pas, & noſtre main timide,
Ne ſçauroit s'egarer te choiſiſſant pour Guide.
On ne ſçauroit faillir (aſſeure toy mon fils)
Imitant ce grand homms en ſon beau Crucifix:
Ie n'ay iamais eu l'heur d'en voir que les copies
Qui rendirent pourtant mes prunelles remplies;
Tant d'admiration & de contentement,
Que ie perdis la voix en ce rauiſſement:
Sur la vierge mes yeux vn long-temps ſe collerent,
Et puis deſſus le Chriſt mes regards s'enuolerent.
Sa teſte de la mienne enleua les eſprits,
Ie vis par le pinçeau ce que tous les eſcrits,
Ne ſçauroient exprimer & que dans les eſcoles,
L'on n'expliqua iamais par des belles paroles.
Ie vis dans le Tableau de ce Peintre pai fait
Ce que iamais pinceau n'auoit encore fait,
Auſſi peignant le Chriſt ſa fortune fut telle

Qu'il acquit par sa mort vne gloire immortelle.

L'Historien fameux qui fit voir en tout lieu
Qu'il estoit le parfaict & grand amy de Dieu :
Dont le beau front iettoit deux sources lumineuses
De qui les actions toûjours prodigieuses,
Renuerserent la Cour du puissant Pharaon ,
Déliurant les Hebreux & leur Pontife Aaron :
Ce grand Homme d'Estat , qui sous la vile estoffe
D'vn Pasteur , eut l'esprit d'vn sçauant Philosophe ;
Ce begayeur disert , ce grand Legislateur,
Du Peuple Circoncis le parfait Conducteur :
Ce vigoureux Soldat , ce profond Astrologue
Auec qui l'Eternel fit vn sainct Dialogue ;
M O Y S E doit tousiours par sa graue action
Donner à nos esprits de l'admiration :
Que son geste soit ferme , & que sur son visage
On remarque les traicts d'vn si grand personnage ;
Plustot morne & plongé dans vn penser profond ;
Que de le faire rire en ieune Vagabond.
Ainsi doit-on tracer,& les corps,& les testes
Des Sages , des Prudents , & des autres Prophetes.

40
Pour la gra-
uité des
Prophetes.

Le F. *Mais comment proceder pour la force du corps ?*
Le P. *Qu'elle doit faire voir de terribles efforts,*
Hardis , fiers , surprenants , à tel point que personne
N'y puisse porter l'œil, sans qu'on ne s'en estonne.
Le F. *Et leur proportion.*

41
Pour la for-
ce du corps.

             Le P. *Lomasse l'a descrit*
Au Chapitre septiesme auec son bel esprit :
Cette Force du corps iointe à celle de l'ame
Parut eminemment au genereux Pergame.

H

Achille en eut beaucoup , Ajax , Hercule encor:
Et noftre Roy François en euft plus qu'vn Hector:
Tempefte l'exprima, lors que deffus Pauie
Il deffendit l'honneur au peril de fa vie ;
Sous luy fon cheual mort , le nud fer en fa main
Couuroit tout à l'entour de corps morts le terrain.

  Les vrais hommes d'honneur dont la parole eft telle ,
Qu'elle eft inuiolable & fe rend immortelle ;
Ont leurs geftes reglés , purs , libres , & fans fard :
L'Art de leur procedure eft de parler fans Art :
Leur ame dans leur fein comme en fa forterefle

42
Pour les hommes conftants

Ne s'emporte ou s'échape & iamais ne s'abaiffe.
Iamais de fots flateurs ils ne font l'action
Et portent fur leur front leur cœur fans fiction.

  Tel fut l'amy de Dieu qui fe fauua dans l'Arche.
Tel du vieux Teftament le premier Patriarche.
Tols parmy les Gentils Polinice & Didon ,
Et d'autres que le Ciel honnora d'vn tel don.

43
Pour les hommes equitables,

  Le Iufte, qui n'eft né, que pour perdre les Vices,
Se recueille en foy-mefme, & n'a point de caprices.
Il le faut peindre ferme, & qu'au plus grand peril
Il porte fur fon front vn courage viril,
Qu'il n'ait rien de leger , de mol , foible & docile,
Et les autres effets d'vn efprit trop facile ;
Equitable en tout lieu, cherchant la verité
Il doit pefer la Grace , & la Seuerité.
Pour rendre de fon cœur le courage inflexible
Aux traicts de la faueur il doit eftre infenfible,
Et pour mieux fe former aux perieux threfor
Plus fin que Danaé, fuir de la pluye d'or

H

Nos ayeux autrefois peignirent la Iustice
L'eſpée en vne main, pour chaſtier le vice :
Quatre oreilles au front afin de mieux oüir ;
Les bras longs pour tenir ceux qui veulent s'enfuir.
    Mais vn moderne accort luy fit le nez de cire,
Qui d'vne main d'argent ſe laiſſe mal conduire ;
On voit que ſes effets ſont ſouuent peruertis :
Le droiȼt eſt pour les Grands, le tort pour les Petits.
Ce n'eſt pas qu'en eſſence elle ſoit débauchée ;
Mais c'eſt qu'vn fourbe Amant ſupplante Mardochée ;
Quoy que le meſme Amant tombe en fin en deffaut,
Eſleuant pour ſoy-meſme vn tragique eſchafaut :
Et trouue en la grandeur, qui faiſoit ſes delices,
Dedans la fauſſe pompe vn torrent de ſupplices.
Cette haute vertu paroiſt eminemment
Au viſage du Chriſt du dernier Iugement,
Peint dans le Vatican par ce prodige eſtrange,
Qui pour ſon grand ſçauoir fut nommé Michelange.
Là l'on voit tout à coup Dieu dans ſa Maieſté
Diſtribuer la grace, & la ſeuerité :
Son viſage aux peruers preſente ſa colere,
Et doux promet aux bons ſon ſein pour leur ſalaire.
    Or voyons maintenant comme par l'aȼtion
Le deuot doit paroiſtre en ſa Deuotion.
Ie ne te parle pas de ceux de l'Euangile,
Tu les vois tous les iours ; mais de ceux que Virgile
Deſcrit dans ces beaux vers, quand Anchiſe eſtonné
D'Iule voit le chef de flamme enuironné :
Et lors que pour Didon Yarbe en ſa colere
Adreſſe ſa requeſte à Iupiter ſon pere.

44
Pour les hõ-
mes Deuots

Pour prier donc ces Dieux, selon qu'il dit, il faut
Que tels deuotieux leuent les mains en haut :
Pour adoucir des flots la tempeste importune,
Ils les doiuent tourner vers l'inconstant Neptune :
Pour inuoquer Pluton, & les Dieux sousterrains,
A genoux dans la fosse ils mettront pieds, & mains.
Et pour auoir la paix, le General d'Armée
Doit hausser sa main droite, & nuë, & desarmée.
Ce que plus amplement, si le Peintre est lecteur,
Pourra voir dans les vers de ce celebre Autheur.
Passons de ces Gentils aux anciens Prophetes
Et nous verrons d'abord leurs venerables testes
S'incliner iusqu'à terre à l'abord des beaux yeux,
Qui font pallir l'esclat du Soleil dans les Cieux :
Quiconque en doutera, dans les saincts Cayers lise
Les gestes d'Abraham, auec ceux de Moyse.
   Le F. Voila bien de leçons pour la deuotion.
   Le P. Encor faut-il sçauoir selon la nation,
Faire la difference, à tel point que l'histoire
S'accordant aux Pinceaux en augmente la gloire:
Car parmy les Gentils les Prestres Corimbans
Adoroient leur Cibele au son de leur Tympans.
Les Saliques Armés (voy leur mauuaise grace)
Sautoient chargés de fer pour le Dieu de la Thrace.
Mais ceux de Meroë pour sages reconnus
Estoient encor plus fols, puis qu'ils prioient tous nus.
Nos Druides prioient autrement dans les Gaules.
Les Turcs à Mahomet vont tournant les espaules.
Ainsi selon les lieux, & les occasions,
Il nous faut varier pour les deuotions.

45 Selon les lieux & les coustumes des Anciés.

Où vas-tu, parle donc ?

        Le F. L'on heurte ce me semble.

  Le P. Garde toy bien d'ouurir, s'ils sont plusieurs ensemble.
Et sur tout si c'estoit ce grand Docteur croté,
Qui voudroit voir d'abord l'vn, & l'autre costé
Sur vne toille vnie : ô quelle grosse beste !
Qui mesure les corps au compas de sa teste,
Il parle incessamment, & ne dit rien de bon,
Quoy que de vers Latins il pare son jargon,
Estançonnant ses Dits de Sentences moisies,
Qu'il a des vieux Gaulois auec peine choisies.

  Le F. Il croit d'y bien entendre.

           Le P. On heurte va donc voir.

  Le F. Et si c'est l'Aristote à l'eminent sçauoir ?

  Le P. Respons qu'il ne se peut, & que i'ay tant affaire,
Qu'en le laissant monter tu me pourrois déplaire.

  Le F. Et s'il presse ?

        Le P. Dis luy hardiment, & tout net,
Que ie suis enfermé dedans mon Cabinet.

  Le F Si ce sont vos Amis, Medor, Alcandre, Asmire ?

  Le P. Dis leur que sur mon cœur ils ont vn tel empire,
Qu'ils peuuent tous chez moy, soit de iour, soit de nuit;
Sçachant que pas vn d'eux à mon bon-heur ne nuit;
Que veillant pour mon bien, & poussant ma fortune,
Leur visite iamais ne peut m'estre importune.

      Fin de la premiere Partie.

LETTRE

DE

MONSIEVR

LE POVSSIN,

PREMIER PEINTRE

DV ROY,

AV SIEVR PADER.

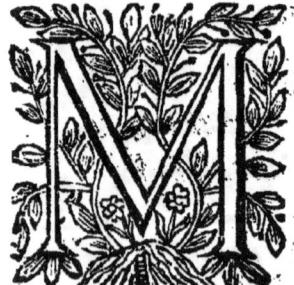 ONSIEVR,

Il y a peu de iours que ie receus vn pacquet que vous m'auez enuoyé de Monaco ; L'on me l'a rendu tard, d'autant (comme ie pense) que procedant en toutes mes operations, tout doucement & à l'aise, ie suis peu connu du Maistre des Postes : apres en auoir fait l'ouuerture, & leu les vers de vô-tre Peinture parlante, ie me suis trouué vostre obligé en di-

uerses façons ; La premiere à vous remercier de la memoire, que vous auez de moy en diuers temps, & lieux, d'ou il vous a pleu m'escrire des Lettres qui ne m'ont pas esté renduës, car ie n'aurois pas manqué d'y respondre à l'heure mesme. La seconde est de l'honneur que vous m'auez fait d'inserer mon nom dans vostre ouurage de Poësie, quoy que vous m'eussiez d'auantage obligé d'en parler vn peu plus bassement, & selon mon peu de merite : ie le recognois pour vn effet de la bonne volonté que vous auez pour moy, dont ie vous suis infiniment redeuable. Il ne faut pas que vous vous incommodiés pour m'enuoyer les autres parties de vostre Poësie, i'on iuge bien du Lyon par l'ongle.

Ie n'ay pas encore fait voir la piece que vous m'auez enuoyée, ie la reserue pour quelqu'vn qui en sçaura gouster la beauté ; Ce n'est pas le gibier des Peintres mediocres, ce seroit semer des perles deuant les porcs, que de leur presenter vostre Liure pour le lire.

Au demeurant ie suis bien marri de ne vous pouuoir enuoyer reciproquement quelque chose du mien, come vous le desirés, l'on n'a rien graué de mes ouurages, dont ie ne suis pas beaucoup fasché : Regardés cependant si ie vous puis seruir en quelque autre chose, & commandés celuy qui est de tout son cœur,

MONSIEVR,

Vostre tres-humble & tres-affectionné seruiteur,

LE POVSSIN.

A Rome
le 20. Ianuier 1654.